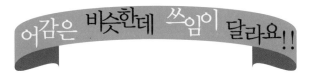

어감은 비슷한데 쓰임이 달라요!!

쉬운
틀리기 ∨ 어휘력

받아쓰기

기획 윤필수

버들미디어

어감은 비슷한데 쓰임이 달라요!!
틀리기 쉬운 어휘력
받아쓰기

2021년 3월 2일 초판 1쇄 인쇄
2021년 3월 5일 초판 1쇄 발행

기획 윤필수
펴낸이 마복남 ǀ 펴낸곳 버들미디어 ǀ 등록 제 10-1422호
주소 서울시 은평구 갈현로1길 36
전화 (02)338-6165 ǀ 팩스 (02)352-5707
E-mail : bba666@naver.com

ISBN 978-89-6418-064-8 04710

머리말

헷갈리기 쉬운 요소만 모으고 모았다!

초등학교 학생들의 받아쓰기 채점을 하다 보면 유난히 많이 틀리는 문장이 따로 있다는 것을 발견할 수 있습니다. 소리가 같은 낱말들이 같은 소리로 귓가에 들리기 때문입니다.

한글 맞춤법은 읽고 들리는 그대로 쓰지 않는 어문 규칙들이 많이 있습니다.

한글은 뗐는데 왜 받아쓰기는 백점을 못 받을까요?

초등학교에 입학하기 전에 한글을 떼고 가는 아이들이 많습니다. 그리고 입학해서 처음 접하는 시험이 바로 받아쓰기입니다. 한글을 다 읽을 수 있는데도 받아쓰기는 막상 시험을 보면 백 점을 받지 못합니다.

한글 맞춤법에 맞게 써야하기 때문이죠..

그래서 이 책은 학생들이 가장 공부하기 쉬운 형식으로 재구성하였습니다.

처음으로 접하는 시험인데 받아쓰기에서 자신감을 얻지 못하면 학년이 올라갈수록 자신감은 점점 떨어지기 마련입니다. 받아쓰기 시험을 잘 보는 학생들은 어떤 이유에서 그럴까요? 모든 시험이 마찬가지이지만, 1번 연습한 사람과 10번 연습한 사람은 차이가 날 수밖에 없습니다. 또한 시험에 나오는 문제를 연습한 사람과 그렇지 않은 사람도 분명 차이가 나지요.

받아쓰기는 내 생각을 다른 사람에게 잘 전달하기 위해서예요. '이 물건의 이름은 이렇게 써요.' 라고 약속했는데, 나만 다르게 쓴다면 다른 사람은 이해하지 못하겠죠? 하지만 아직 글자 쓰기에도 익숙하지 않은데 소리를 듣고 받아쓰는 건 너무 어려워요.

한글을 처음 배울 때 커다란 네모 칸에 반듯반듯하게 글씨 연습을 많이 했다면, 이제 초등학생들은 학교에서 보는 시험 형식 그대로 연습하면 됩니다.

어렵게 느껴지는 받아쓰기를 좀 더 싶게 다가가는 방법으로 연습해 봅시다.

기획 윤필수

건데 근데

 '그런데' 의 준말.

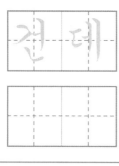

아하~

우리 수영장 갈 건데 너도 생각이 있으면   난 국수를 먹을 건데, 넌 뭘 먹을래?
같이 가자.
이 미역국은 너무 건데?

 '그런데' 의 준말.

아하~

근데 걔 아주 사람이 달라졌다.
근데 아까는 어디 갔었니?
근데 걔는 거기에 뭐 하러 보내니?

어떻게 다를까요?

검불 덤불

'검불' 과 '덤불' 은 사용하는 경우가 다릅니다.

[검불]

마른 나뭇가지, 마른 풀, 낙엽 따위를 통틀어 이르는 말.

  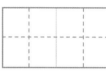

  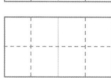

 아하~

검불이 날리다.
검불 색 단풍이 아름답다.
검불을 긁다.

콩을 까불러서 검불을 날려 보내다.
할머니는 키로 검불을 풍기셨다.

[덤불]

어수선하게 엉클어진 수풀.

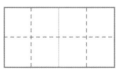  

 아하~

덤불 속에 숨다
나무 덤불 사이를 헤치고 나아가다
오복소복한 덤불.

무성한 덤불
덤불을 베다.

군색하다 궁색하다

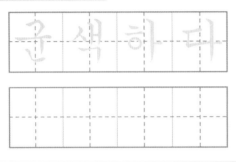 필요한 것이 없거나 모자라서 딱하고 옹색하다.

[군:새카다]

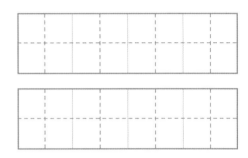

아하~

군색한 변명을 늘어놓다.
군색한 집안 형편
그의 생활은 군색하기 이를 데가 없었다.

그도 대답에 매우 군색한 모양이지 건기침
만 토해냈다.
자연스럽거나 떳떳하지 못하고 거북하다.

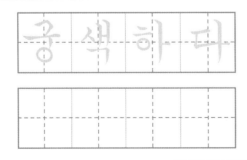 아주 가난하다.

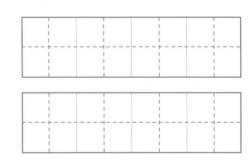

아하~

대답이 궁색하다.
궁색한 집안.
궁색한 살림

그의 차림에서는 궁색한 티가 났다.
허둥대며 궁색한 이유를 댔다.

어떻게 다를까요?

가르치다 가리키다

 지식이나 기능, 이치 따위를 깨닫게 하거나 익히게 하다.

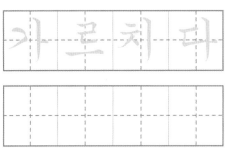

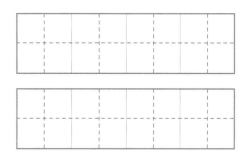

원어민 교사가 영어를 가르치다.　　　　글자를 가르치다
손가락으로 글자를 짚어 가며 가르치다.　버르장머리를 가르치다
기술을 가르치다　　　　　　　　　　　어린아이들을 가르치고 있습니다.

가리키다　손가락으로 방향이나 대상을 알리다.

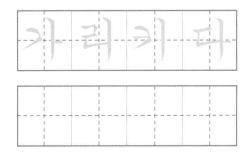

아하~

시계가 두 시를 가리키다　　　　　차창 밖을 가리키다
풍향계가 정동을 가리키다.　　　　그는 손가락으로 북쪽을 가리켰다.
언덕 너머를 가리키다

11

어떻게 다를까요?

곤욕 곤경 곤혹

 심한 모욕. 또는 참기 힘든 일.

[고:뇩]

아하~

곤욕을 치르다.
곤욕을 겪다
구설수에 올라 곤욕을 치렀다.

나는 뜻하지 않은 사고로 한동안 곤욕을
치렀다.
곤욕을 겪다.

 어려운 형편이나 처지.

[곤:경]

아하~

그는 아직도 곤경에서 벗어나지 못했다.
그의 실수가 회사를 곤경에 빠트렸다.

곤경을 치르다
곤경을 겪다

 곤란한 일을 당하여 어찌할 바를 모름.

[곤:혹]

 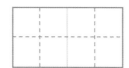 

아하~

곤혹스러운 표정
예기치 못한 질문에 곤혹을 느끼다.

영어를 못해 곤혹을 느꼈다.
곤혹스러웠다.

어떻게 다를까요?

관여 간여

[관여]

어떤 일에 관계하여 참여함.

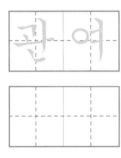

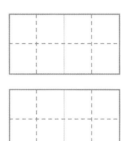

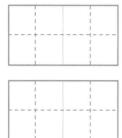

 아하~

창당 활동에 깊숙이 관여하다
남의 일에 함부로 관여하지 마라.
남의 관여를 배제하다

정사에 관여하다
시민 단체들이 정부 정책에 관여할 일
이 많아졌다.

[가녀]

어떤 일에 간섭하여 참여함.

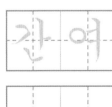

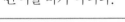 아하~

그는 조직에 이미 깊숙이 간여하고 있었다.
내 일에 제발 간여하지 마라.
간여할 바가 아니다.

그 집안 혼사는 내가 간여할 바가 아니다.

어떻게 다를까요?

고문 자문

 숨기고 있는 사실을 신문함.

[고문]

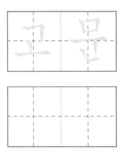 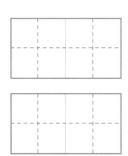 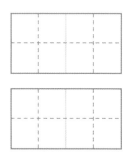

아하~

그녀는 우리 회사의 고문 변호사이다. 고문에 응해 주서서 감사합니다.

그는 투옥 중에 고문을 심하게 당했다.

사람을 고문하는 행위는 야만적이다.

 전문가들로 이루어진 기구에 의견을 물음.

[자ː문]

 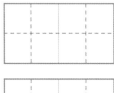 

아하~

이 문제는 전문가에게 자문합시다. 대통령 직속 자문 기관.

자문에 응하다 그는 등에 나비 모양의 자문이 있다.

학계에 자문을 요청하다

어떻게 다를까요?

가까이 가만히

거리가 조금 떨어져 있는 상태. [가까히](X)

[가까이]

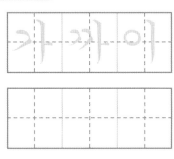
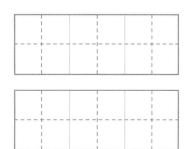

아하~

이리 와서 내 가까이 서 있어라.
집 가까이에서 놀도록 해라
그와 나는 가까이 지내는 사이다.

이웃과 가까이하려고 노력했다.
책을 늘 가까이하여라.
남몰래 가까이하다.

움직이지 않거나 아무 말 없이. [가만이](X)

[가만히]

아하~

그냥 가만히 보고만 있어라
쉬! 조용히 하고 가만히 앉아
말없이 가만히 방을 나갔다.

엄살 부리지 말고 가만히 있어라.
※ 가까이하다 [가까이하다] 사람과 사
람 사이의 관계를 친밀하게 하다.

15

어떻게 다를까요?

그저 거저

 변함없이 이제까지.

[그저]

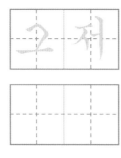 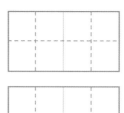 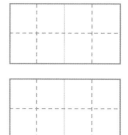

아하~

그저 그렇다
그저 비가 내리다.
그는 그저 웃기만 했다.

비가 그저 내리고 있다.
그 사람은 아무 말 없이 그저 바라보기
만 했다.

 아무런 노력이나 대가 없이.

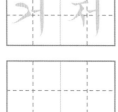 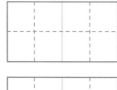 

아하~

세상일은 거저 되는 것이 하나도 없다.
콩 알 하나도 거저 얻어지는 것이 아니다.
잔칫집에 거저 갈 수는 없잖아?

거저 앉아 있다
이 물건들은 거저 얻은 것들이다.
그저 받은 행운

어떻게 다를까요?

기지개를 켜다 기지개를 펴다

성냥이나 라이터 따위에 불을 일으키다.

[켜다]

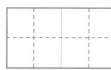

 아하~

아침에 일어나서 시원하게 기지개를 켰다
/폈다.
기지개를 켜다.

늘어지게 기지개를 켜다
형광등을 켜다.
촛불을 켜다.

어떤 활동을 시작하다.

[펴다]

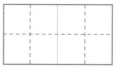

아하~

아침에 일어나서 시원하게 기지개를 켰다
/폈다.
기지개를 펴다.

하품을 크게 하며 기지개를 켠다.
두 팔을 하늘로 뻗쳐 기지개를 폈다.
창문을 활짝 열고 기지개를 폈다.

무엇이 맞을까요?

가엾다 가엽다

가엾다 와 가엽다 둘 다 맞습니다.

 마음이 아플 만큼 처연하다.

[가:엽따]

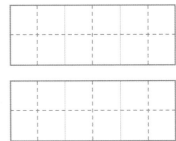

아하~

불쌍하고 가엾다.
그 아이가 너무 가엾다
"아, 가엾고 불쌍하구나.

부인을 잃은 친구의 신세가 가엾다.

......

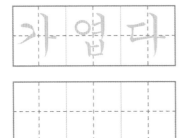 마음이 아플 만큼 처연하다.

[가:엽따]

아하~

딱한 형편이 마음이 아프고 가엽다.
아, 가엽고 불쌍하구나.

그릇을 부시다 그릇을 부수다

'그릇을 부시다' 와 '그릇을 부수다' 는 사용하는 경우가 다릅니다.

 그릇 등을 씻어 깨끗하게 하다.

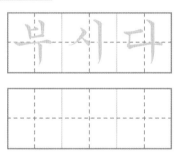 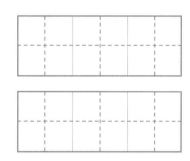

아하~

그릇을 부시다
솥을 부시다
그릇을 물로 부시다.

밥 먹은 그릇을 물로 깨끗이 부셨다.

부수다 그릇을 깨뜨려 부숴 버렸다.

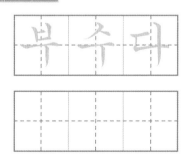 

아하~

대문을 부수고.
그릇을 부숴서 어머니께 혼이 났다
값진 그릇들을 모두 부숴 버렸다.

밥 먹은 그릇은 깨끗이 부셔 놓아라.

19

어떻게 다를까요?

끄물끄물 꾸물꾸물

'끄물끄물' 과 '꾸물꾸물' 은 사용하는 경우가 다릅니다.

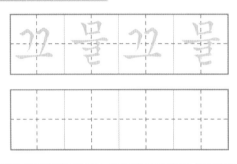 날씨가 활짝 개지 않고 몹시 흐려지는 모양

[끄물끄물]

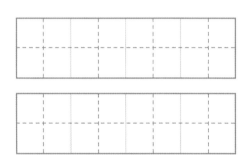

아하~

불빛이 *끄물끄물* 희미해져 가다.   갑자기 비가 올 것처럼 *끄물끄물*하네.

하늘이 갑자기 *끄물끄물* 흐려지다.

하늘이 *끄물끄물*하다.

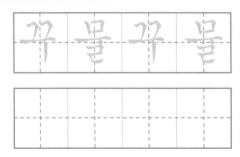 매우 자꾸 느리게 움직이는 모양.

[꾸물꾸물]

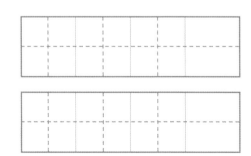

아하~

굼벵이가 꾸물꾸물 기어가고 있었다.   꾸물꾸물 준비하면 학교에 늦어!

발가락을 꾸물꾸물 꼼지락대고 있었다.   이불 밑에서 꾸물꾸물 늦장을 부렸다.

지렁이가 꾸물꾸물 기어가네.

어떻게 다를까요?

경신 갱신

 이미 있던 것을 고쳐 새롭게 함.

[경ː신]

  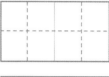

아하~

마라톤 세계 기록 경신
종묘 개량 경신
유가가 최고치를 경신했다.

그는 이번 대회에서 신기록 경신에 도전한다.
불볕더위로 연중 최고 기온이 경신되고 있다

 이미 있던 것을 고쳐 새롭게 함.

[갱ː신]

  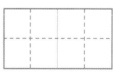

아하~

단체 협상 갱신이 무산되었다.
추위 때문에 몸을 제대로 갱신할 수가 없다.

여권 갱신을 받다.
계약을 갱신하다.
신기록을 갱신하다

21

어떻게 다를까요?

거치다 걷히다

'거치다' 와 '걷히다' 는 사용하는 경우가 다릅니다.

 무엇에 걸리거나 막히다.

[거치다]

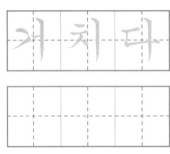 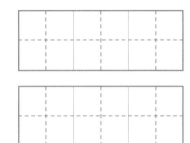

아하~

돌멩이에 거치다
칡덩굴이 발에 거치다.
과정을 거치다.

예선을 거치다
절차를 거치다

 구름이나 안개 따위가 흩어져 없어지다.

[거치다]

아하~

어둠이 걷히다.
그물이 걷히다
이불이 걷히다

구름이 걷히다
발이 걷히다
안개가 싹 걷혔네.

22

깍듯이 깎듯이

'깍듯이' 와 '깎듯이' 는 사용하는 경우가 다릅니다.

깍 듯 이

분명하게 예의범절을 갖추는 태도로.

[깍뜨시]

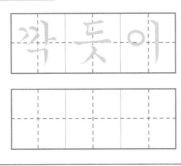

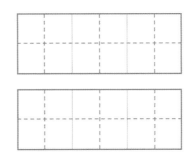

아하~

손님을 깍듯이 대접하다
깍듯이 인사하다
깍듯이 경어를 쓰는 막냇동생

우리는 선배들을 깍듯이 대접했다.
학생들은 선생님께 깍듯이 인사를 하였다.
그는 평소 상관을 깍듯이 받들어 모셨다.

깎 듯 이

풀이나 털 따위를 잘라 내다.

[깍따]

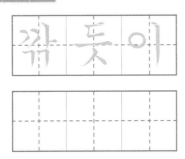

아하~

깍듯이 인사했다.
연필을 깎다가 칼에 베였다.
산을 깎아 밭을 넓리다.

수염 좀 깨끗이 깎아라.
물건 값을 만 원이나 깎았다.
머리를 깎고 절에 들어가다.

어떻게 다를까요?

깜짝 깜작

 갑자기 놀라는 모양.

[깜짝]

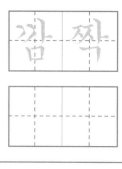 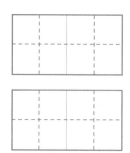 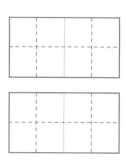

뻐스럭하는 소리에 깜짝 놀라다. 그는 바퀴벌레를 발견하고 깜짝 놀랐다.
아기가 천둥소리에 깜짝 놀라 엉엉 울기
시작했다.

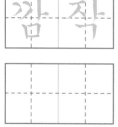 눈이 살짝 감겼다 뜨이는 모양.

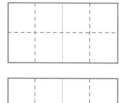 

피곤한지 눈이 자꾸 깜작한다. 사랑스럽게 바라보며 눈을 깜작거렸다.
그는 눈 하나 깜작 안 하고 번지 점프를 했
다.

무엇이 맞을까요?

깨뜨리다 깨트리다

'깨뜨리다' 와 '깨트리다' 둘 다 맞습니다.

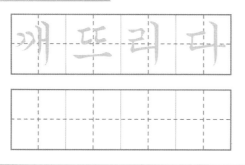 '깨다' 를 강조하여 이르는 말. (활용형: 깨뜨리고)

아하~

울음만이 적요한 침묵을 깨뜨리곤 했다.   풍경이 찰가당거리는 소리가 산사의 적
이 그릇은 누가 깨뜨렸는데?   막을 깨뜨리고 있다.
이 돌로 저 유리창을 깨뜨려.   남의 집 유리창을 왜 깨뜨려요?

 '깨다' 를 강조하여 이르는 말. (활용형: 깨트리고)

 아하~

분위기를 깨트리다.   /쓰러트리다',
편견을 깨트리다   '무너뜨리다/무너트리다' 등도 모두
'넘어뜨리다/넘어트리다' , '쓰러뜨리다   복수 표준어입니다.

무엇이 맞을까요?

게을러빠지다 게을러터지다

'게을러빠지다'와 '게을러터지다' 둘 다 맞습니다.

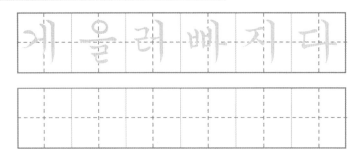

행동이 느리고, 몹시 꾸물거리거나 미루다.

게을러빠진/게을러터진 주제에.
게을러빠져서/게을러터져서 매일 늦잠
을 자.

그렇게 게을러빠져서/게을러터져서
무슨 일을 할 수 있겠니?

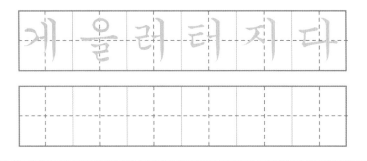

행동이 느리고, 몹시 꾸물거리거나 미루다.

※ '게을러빠지다'와 '게을러터지다'는 한
단어이므로 '게을러 빠지다(X)'나 '게을
러 터지다(X)'처럼 띄어 쓰지 않고 붙여 쓰
니 주의해 주세요.

무엇이 맞을까요?

굽신 굽실

굽신, 굽실 둘 다 맞습니다.

[굽씬]

고개나 허리를 가볍게 구푸렸다 펴는 모양.

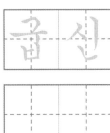  

  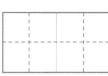

고개를 굽신 숙여 인사를 했다.　　　　　 질색이야.

굽신굽신 허리를 굽히며 사과했다.　　　　 주인에게 굽신 절을 했다.

윗사람들에게 굽신굽신 아부하는 것은 딱

[굽씰]

고개나 허리를 가볍게 구푸렸다 펴는 모양.

  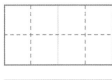

아하~

고개를 굽실 숙여 인사를 했다.

선생님께 두어 번 허리를 굽실 굽혔다.

굽실굽실 비실거리면 다 죽습니다.

※ '굽신거리다, 굽신대다, 굽신하다, 굽신굽신' 등 표준어

27

무엇이 맞을까요?

개수통 설거지통

'개수통'과 '설거지통' 둘 다 맞습니다.

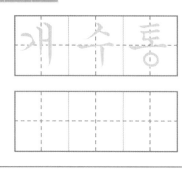 그릇을 씻을 때 쓰는, 물을 담는 통.

[개수통]

아하~

개수통의 그릇들이 달캉달캉하며 부딪쳤다.

개수통에 든 그릇들이 데그럭거린다.

물 절약을 위해 개수통/설거지통 사용.

다 먹은 식기를 개수통/설거지통에 갖다 놓아라.

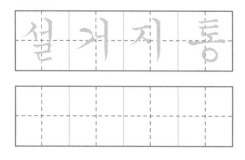 그릇을 씻을 때 쓰는, 물을 담는 통.

[설거지통]

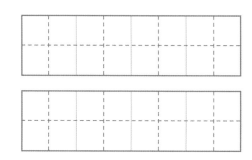

아하~

설거지통에 그릇이 수북이 쌓여 있다.

다 먹었으면, 그릇은 설거지통에 갖다 넣어 주세요.

28

어떻게 다를까요?

꼬챙이 꼬치

 가늘고 끝이 뾰족한 쇠나 나무 따위의 물건.

[꼬챙이]

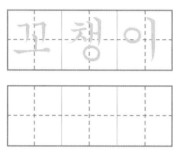

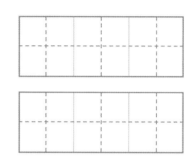

아하~

꼬챙이로 쑤시다.
꼬챙이에 오징어를 걸어 말렸다.
몇 달을 앓더니 꼬챙이처럼 말랐다.

꼬챙이로 꿰여 있는 오징어.
곶감을 꼬챙이에 꿰다.

 꼬챙이에 꿴 음식물.

[꼬치]

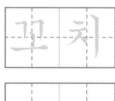

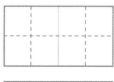

아하~

꼬치에 말린 곶감
꼬치에 끼워 말린 곶감.
어묵 한 꼬치

떡꼬치에 양념을 발라 구워 먹었다.

어떻게 다를까요?

곱절 갑절

'곱절' 과 '갑절' 은 사용하는 경우가 다릅니다.

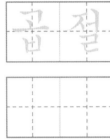 어떤 수나 양을 두 번 합한 만큼.

[곱쩔]

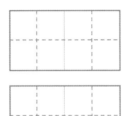 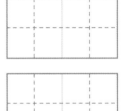

아하~

피해액 보상을 곱절 받았다.　　　　　　날씨가 무더워지면서 일하기가 곱절로
생산량이 작년보다 곱절이나 늘었다.　　힘들다.
집값이 산값보다 곱절이나 올랐다.　　　판매량이 많게는 세 곱절로 증가하였다.

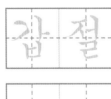 어떤 수나 양을 두 번 합한 만큼.

[갑쩔]

 아하~

피해액 보상을 갑절로 받았다.　　　　　전세 보증금이 갑절로 올랐다.
이곳 집값은 다른 곳의 갑절이다.
그의 몸무게는 나보다 갑절이나 무겁다.

어떻게 다를까요?

가리키다 지시하다

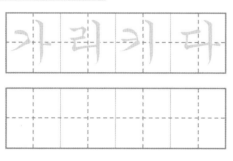 어떤 방향이나 대상을 말하거나 알리다.

손으로 가리키다.   차창 밖을 가리키다
시계가 두 시를 가리키다
언덕 너머를 가리키다

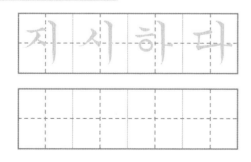 가리켜 보게 하다.

원상 복구 지시를 했다.
그는 내가 지시한 대로 따라왔다.
나는 뜻밖의 지시에 잠시 머뭇거렸다.

31

어떻게 다릅까요?

꼬리 꽁지

'꼬리'와 '꽁지'는 사용하는 경우가 다릅니다.

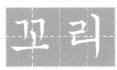 동물의 끝에 붙어서 조금 나와 있는 부분

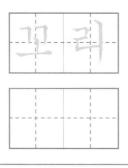  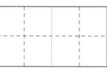

아하~

꼬리가 길면 잡히게 마련이다.   강아지 꼬리.
꼬리를 잇고 서 있는 차량들.   생선 꼬리.
개가 꼬리를 내리고 도망갔다.

 새의 꽁무니에 붙은 깃.

[꽁지]

  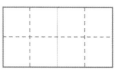

아하~

공작이 꽁지를 폈다.   엄마 꽁무니만 따라다녔다.
꽁지발로 몰래 빠져나가다
강아지가 어미 꽁지에만 붙어 다닌다.

32

곯리다 골리다

'골리다' 와 '곯리다' 는 사용하는 경우가 다릅니다.

 속이 물크러져 상하게 하다. '곯다' 의 사동사.

[곯리다]

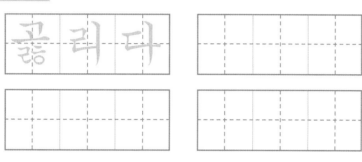

아하~

배를 곯리다.
부모님 속을 곯리다.
단배를 곯리다.

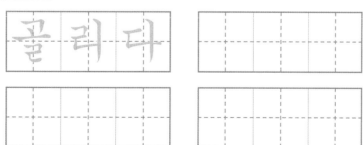 상대편을 놀리어 약을 올리거나 골이 나게 하다.

[골리다]

아하~

친구를 골리다.
장난치며 골렸다.
동생을 골리며 장난쳤다.

검증 검정

'검증'과 '검정'은 사용하는 경우가 다릅니다.

 검사하여 증명함.

[검ː증]

 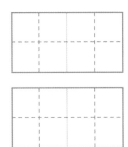 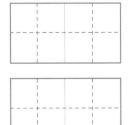

아하~

진리는 실천에 의하여 검증된다.   현장도 자세히 검증했다.
검증을 거치다   사고 현장 검증.
실험적으로 검증하다

검정 일정한 규정에 따라 검사하여 결정함.

[검ː정]

아하~

흰 저고리와 검정 치마.   검정 시험.
교과서 검정.   입학 자격 검정
검정 고무신

34

어떻게 다를까요?

광대하다 방대하다

 크고 넓다.

[광:대하다]

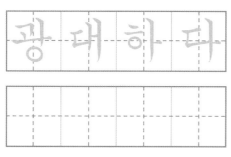

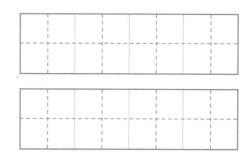

 아하~

광대한 면적.
광대한 평원.
광대뼈가 툭 불거지다.

광대한 제국을 건설하다.
판소리 광대.

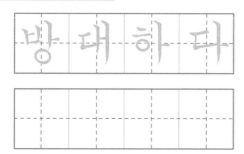 규모나 양이 매우 크거나 많다.

[방:대하다]

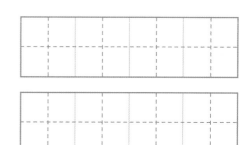

 아하~

방대한 토지.
방대한 규모
유라시아 대륙은 끝이 없을 만큼 방대하

다.
※ '광대하다' 와 '방대하다' 는 의미가 비
숫하지만 사용하는 경우가 다릅니다.

어떻게 다를까요?

깨치다 깨우치다

'깨치다' 와 '깨우치다' 는 사용하는 경우가 다릅니다.

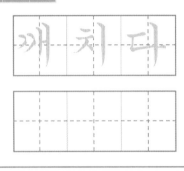 일의 이치 따위를 깨달아 알다.

[깨치다]

아하~

한글을 깨치다   도를 깨치다.
물리를 깨치다   수학의 원리를 깨치다.
반절을 깨치다.

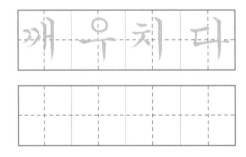 깨달아 알게 하다.

[깨우치다]

아하~

자신의 잘못을 스스로 깨우치다   무지를 깨우치다
도를 깨우치다   악리를 깨우치다.
몽매를 깨우치다.

어떻게 다를까요?

기차 전철 열차

 여객차나 화차를 끌고 다니는 철도 차량

기차가 철도 위를 달린다.　　　　　　　기차는 어느새 저만치 멀어졌다
기차 편으로 시골에 내려갔다.

 전기 철도 위를 달리는 전동차.

 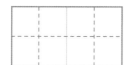 

전철은 막 한강 위를 지나고 있었다.　　　고속 전철 건설
전철로 통근하다.

 여러 개의 찻간을 길게 이어 놓은 차량.

열차를 타다.　　　　　　　　　　　우리는 저녁을 느지막이 먹고 열차를 탔
이번 열차는 회송 차량이다.　　　　　다.

어떻게 다를까요?

깃들다 깃들이다

'깃들다' 와 '깃들이다' 는 사용하는 경우가 다릅니다.

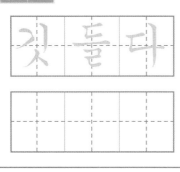 아늑하게 서려 들다.

[긷뜰다]

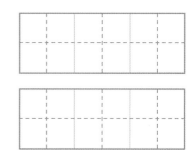

 아하~

골목에 어둠이 깃들다   청정이 깃들다.
마음에 평화가 깃들다   우수가 깃들다
황혼이 깃들다

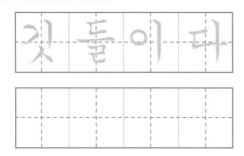 보금자리를 만들어 그 속에 들어 살다.

[긷뜨리다]

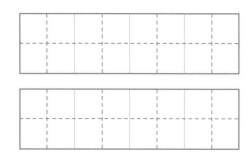

아하~

정성이 깃들어서   우리 명산에는 곳곳에 사찰이 깃들여
새가 나무에 깃들였다.   있다.

38

무엇이 맞을까요?

겸연쩍다 계면쩍다

'겸연쩍다/계면쩍다' 둘 다 맞습니다.

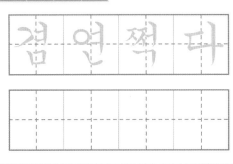 쑥스럽거나 미안하여 어색하다.

[겨면쩍 따]

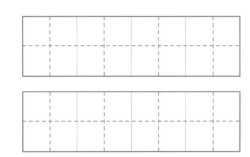

그는 실수를 한 게 미안한지 겸연쩍어/계 면쩍어 했다.
자기의 실수가 겸연쩍은지 씩 멋쩍은 웃음 을 보였다.
마주 대하기가 겸연쩍어 되도록이면 피하는 입장이 되었다.

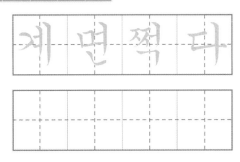

[계면쩍따/
게면쩍따]

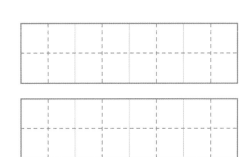

아하~

'겸연쩍다' 의 변한말.

어떻게 다를까요?

그러므로 그럼으로

'그러므로' 와 '그럼으로' 는 사용하는 경우가 다릅니다.

 앞의 내용이 뒤의 내용의 이유나 원인.

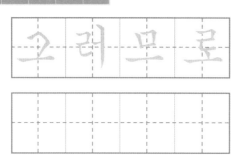

아하~

나는 생각한다. 그러므로 존재한다.
사람은 죽는다. 그러므로 나도 언젠가는
죽는다.

인간은 말을 한다. 그러므로 동물과 구
별된다.

'그리하다' 의 준말. (활용형: 그럼으로)

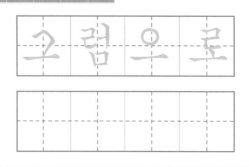

 아하~

그럼 안녕, 내일 보자.
그럼 이제 무슨 일을 하지?
그럼 내일 다시 오겠습니다.

그럼 이제부터 다시 시작하자.

어떻게 다를까요?

그때 이때

 '그때'와 바로 지금의 때.

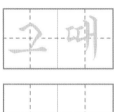  

 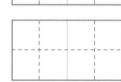 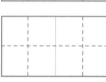

그때 일은 똑똑히 기억한다.   짐이 너무 무거웠는데 그때 도와주어서
행복했던 그때를 생각하면 지금도 가슴이   고마웠다.
뛴다.

 바로 지금의 때.

  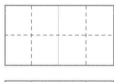

기회는 이때다.   이때까지 속고만 살아왔니?
내가 거짓말을 한 것은 이때가 처음이었   이때야 비로소 모든 사실을 깨달았다.
다.

어떻게 다를까요?

그래서 그러다

 상대방이 다음 내용을 말하기를 재촉할 때 하는 말.

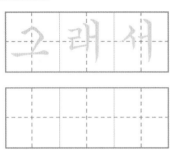

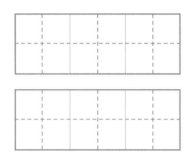

아하~

사정이 그래서 못 왔습니다.　　　　　　냐?
아하, 그 사람이 그래서 화를 냈구나!
행색이 그래서 면접을 보러 갈 수 있겠느

 그렇게 말하다. '그리하다' 의 준말. (활용형: 그랬더니)

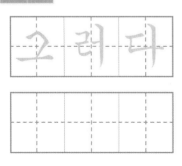

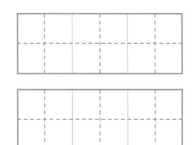

아하~

작작 쓸고 닦아라. 그러다 병날라.　　　그러고 있지 말고 이리 와 봐.
그러게 내 말을 듣지 그랬어.
엥, 내가 왜 그랬지?

어떻게 다를까요?

끄떡없다 멀쩡하다

끄 떡 없 다 아무런 변동이나 탈이 없이 매우 온전하다.

[끄떠겁따]

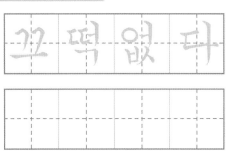
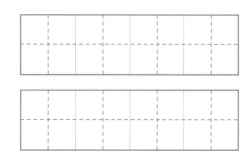

아하~

등불은 웬만한 바람에도 끄떡없다.　　　웬만한 공격에는 끄떡없다.
새로 지은 집은 워낙 튼튼해서 아무리 강
한 비바람이 불어쳐도 끄떡없다.

멀 쩡 하 다 흠이 없고 아주 온전하다.

[멀쩡하다]

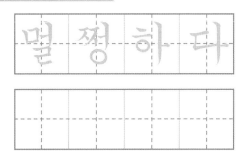
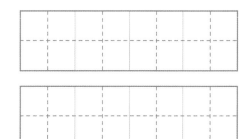

아하~

면상이 멀쩡하다.
몸이 멀쩡하다.
ㅇㅇ는 말술을 마셔도 멀쩡하다.

어떻게 다를까요?

귀국 입국

 외국에 나가 있던 사람이 자기 나라로 돌아오거나 돌아감.

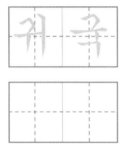 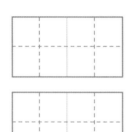 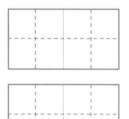

 십 년 만의 귀국.
귀국 정부의 환대에 감사드립니다.
그녀는 예상보다 빨리 귀국했다.

 자기 나라 또는 남의 나라 안으로 들어감.

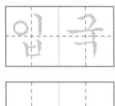  

 외국인의 입국을 허락하다.
아침 방송을 하기 위해 입국을 했다.
그녀는 공항에서 입국 수속을 밟았다.

어떻게 다를까요?

귀신 유령

 사람이 죽은 뒤에 남는다는 넋.

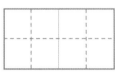  

울긋불긋 귀신처럼 화장을 하다.　　　여름에는 귀신 얘기가 제격이다.

그는 귀신이 없다고 믿었다.

그는 기계 다루는 데는 귀신이다.

 죽은 사람의 혼령.

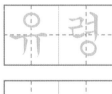  

공포의 유령 대소동　　　　　　　　　그림자가 마치 유령 같았다.

허물어져 가는 그 빈집은 낮에도 유령이　소설에는 해괴한 유령이 많이 등장한다.

나타날 것만 같아.

나루 나루터

 강이나 내, 배가 건너다니는 장소

[나루]

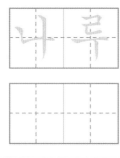 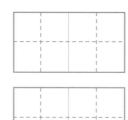 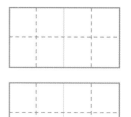

 아하~

나는 이 나루에서 나루질 하나로 늙었소이 다.
나루 목을 지키다.

하단 나루께는 이미 발목물이 넘었다.

나루터

배가 닿고 떠나는 장소.

[나루터]

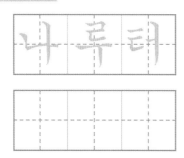 

 아하~

나루터에서는 강을 건너려는 사람들이 사 공을 기다리고 있었다.
다리가 놓여 나루터가 거의 없어지고 말았

다.
사공은 배를 나루터에 계류했다.

어떻게 다를까요?

난 란

 전쟁이나 병란, 난초과의 식물

[난ː]

아하~

독자의 소리를 싣는 난
두 살 난 아기
인물이 많이 난 고장

난 누구라도 만날 수 있어.
여드름이 두툴두툴 난 얼굴

 '구분된 지면' 의 뜻 '난초' 의 뜻

[란]

아하~

성명을 쓰는 란
자기 소개란에 직장명과 직명을 쓰시오.
동양란은 꽃은 별로지만 향기가 일품이지.

※앞에 오는 말이 한자어인 경우에는 'ㅇ
ㅇ란' 으로 적지만 고유나 외래어인
경우는 'ㅇㅇ난' 으로 적습니다.

47

어떻게 다를까요?

너비 넓이

'너비'와 '넓이'는 사용하는 경우가 다릅니다.

 평면이나 넓은 물체의 가로로 건너지른 거리.

[너비]

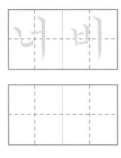 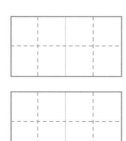 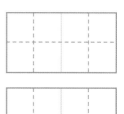

양발을 어깨너비로 벌리고 서다.　　　　너비를 줄이다
강의 너비가 넓다
가슴너비가 넓다.

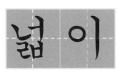 일정한 평면에 걸쳐 있는 공간이나 범위의 크기.

[널비]

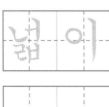  

넓이가 넓다.　　　　우리 집에서 안방 넓이가 제일 넓다.
넓이가 좁다.
방은 두 사람이 겨우 누울 만한 넓이였다.

나가 나아가

'나가' 와 '나아가' 는 사용하는 경우가 다릅니다.

 일정한 지역이나 공간으로 이동하다. (활용형: 나가)

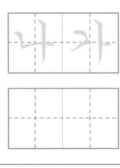 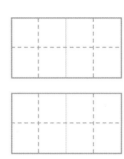 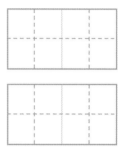

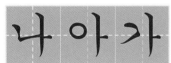

애, 넌 나가 있어.   그는 울먹해 나가 버렸다.

할머니 좀 나가 계세요.   그는 문을 딱 닫고 나가버렸다.

갯벌에 나가 조개를 줍다.

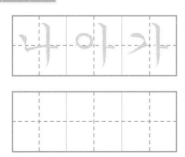 앞으로 향하여 가다. (활용형: 나아가)

인파를 헤치고 앞으로 나아갔다.   계획대로 나아가다.

나아갈 바를 밝히다.   관직에 나아가다.

목적을 향해 나아가다

눈초리 눈꼬리

'눈초리'와 '눈꼬리'는 둘 다 표준어

 어떤 대상을 바라볼 때 눈에 나타나는 표정.

[눈초리]

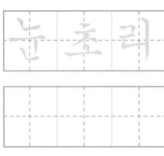 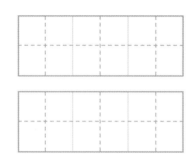

아하~

그는 우리를 경멸에 찬 눈초리로 대했다.　싸늘한 눈초리

나는 그의 눈초리가 미심쩍다.

날카로운 눈초리

 귀 쪽으로 가늘게 좁혀진 눈의 가장자리.

[눈꼬리]

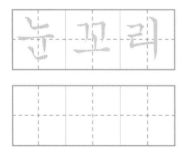 

아하~

눈꼬리가 찢어지다　　　　　　눈꼬리를 쫑긋 세우다.

눈꼬리가 올라가다　　　　　　고개를 돌려 핼끔 눈꼬리를 말아 올리다.

눈꼬리가 처지다

나부랭이 너부렁이

'나부랭이', '너부렁이' 둘 다 맞습니다.

나 부 랭 이
종이나 헝겊 따위의 자질구레한 오라기.

[나부랭이]

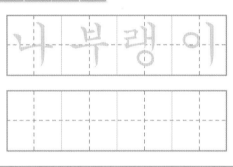

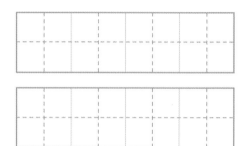

아하~
구겨진 종이 나부랭이
헝겊 나부랭이.
관료 나부랭이

너 부 렁 이
종이나 헝겊 따위의 자질구레한 오라기.

[너부렁이]

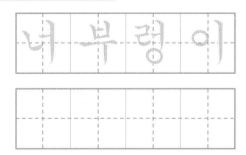

 아하~
세간 너부렁이
양반 너부렁이
헝겊 너부렁이가 흩어져 있었다.

낮아지다 내려가다

낮아지다

일정한 기준이나 다른 것보다 적게 되거나 아래에 있게 되다.

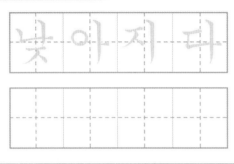

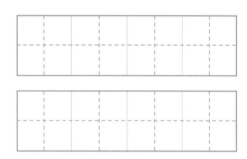

아하~

수압이 낮아지다   염분이 낮아지다.
수면이 낮아지다
경제적 불안정으로 취업률이 낮아지다.

내려가다

높은 곳에서 낮은 곳으로 또는 위에서 아래로 가다.

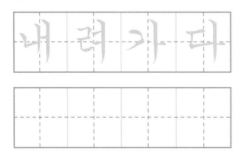

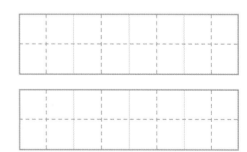

아하~

책을 죽죽 읽어 내려가다.   고향으로 내려가다.
산 밑으로 내려가다.
계단을 내려가다.

어떻게 다를까요?

내가 제가

 자기, 자신

[내가]

 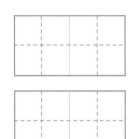 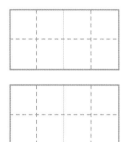

내가 늦어도 기다리지 말고 먼저 가.   그 일은 내가 함세.
내가 같이 가 주련?   내가 행복한 것은 내가 있기 때문이야.
내가 아는 범위 내에서 말해 주겠다.   까짓, 내가 하지 뭐.

 임금의 허가.

[제:가]

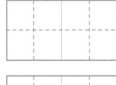

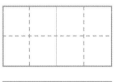

예, 제가 모시고 가지요.   제가 들은 것은 고것밖에 없어요.
제가 이 일의 담당입니다.   그런 말을 한 사람은 제가 아닙니다.
제가 그 일을 하겠습니다.   이 동네는 제가 잘 알아요.

어떻게 다를까요?

너머 넘어

 높이나 경계로 가로막은 사물의 저쪽. 또는 그 공간.

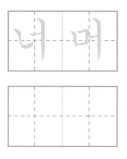 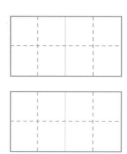 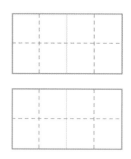

창 너머로 보이는 하늘.   재 너머 마을에 시집가다.
지평선 너머로 해가 진다.
저 산 너머에는 무엇이 있을까?

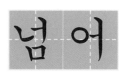 '너머'의 비표준어. 일정한 시간, 시기, 범위 따위에서 벗어나 지나다.

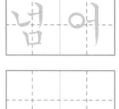  

해가 서산 마루터기를 넘어 버렸다.   고개턱을 넘어 내려오다.
그는 마흔 넘어 늦장가를 들었다.
서산 넘어 무심히 붉은 해가 지고 있었다.

어떻게 다를까요?

넓다 널다

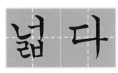 면이나 바닥 따위의 면적이 크다.

[널따]

 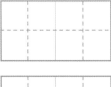 

세상 보는 눈이 넓다.　　　　　　마음이 넓다.
그 나라는 땅이 넓다.　　　　　　바지의 통이 넓다
지식이 넓다.　　　　　　　　　　강의 너비가 넓다

 볕을 쐬기 위하여 펼쳐 놓다.

[널:다]

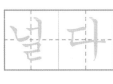  

빨래를 빨랫줄에 널다.　　　　　　벼를 멍석에 널다
건조대에 세탁물을 널다.
빨랫줄에 옷을 널다

무엇이 맞을까요?

눈두덩이 눈두덩

'눈두덩이', 눈두덩 둘다 맞습니다.

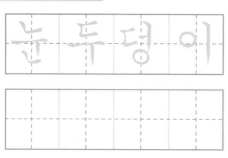 눈언저리의 두두룩한 곳.

[눈뚜덩이]

 아하~

눈두덩이 멍들다
눈두덩이 붓다
나는 피곤하면 눈두덩이 쎌룩거린다.

그녀는 눈두덩이 부석부석 솟아 있었다.
그녀는 너무 울어 눈두덩이 퉁퉁 부었다.

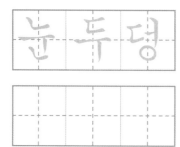 눈언저리의 두두룩한 곳.

[눈뚜덩]

 아하~

부숭한 눈두덩.
눈두덩에 멍이 들었네.
그는 퍼렇게 어혈이 진 눈두덩을 달걀로

문지르고 있다.
그 소년은 밀룽밀룽한 눈두덩을 잔뜩
찌푸린다.

늘이다 늘리다

 본디보다 더 길어지게 하다.

[느리다]

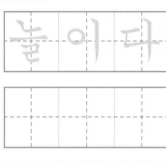

아하~

고무줄을 늘이다.
엿가락을 늘이다.
경계망을 늘이다.

옷기장을 늘이다.

 물체의 넓이, 부피 따위를 본디보다 커지게 하다.

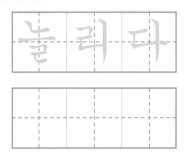

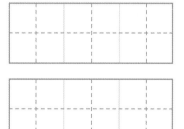

아하~

잡지의 발행 부수를 늘리다.
모집 인원을 대폭으로 늘리다.
주차장의 규모를 늘리다.

쉬는 시간을 늘리다.

늦장 늑장

'늑장' 과 '늦장' 둘다 맞습니다.

 느릿느릿 꾸물거리는 태도.

[늗짱]

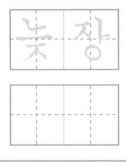 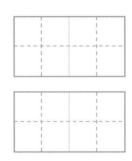 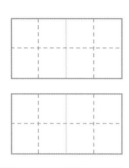

아하~

오늘 시간이 없으니 늑장을/늦장을 부리 지 마라.

늦장을 보러 가다.   늦장을 부리다.

이불 밑에서 꾸물꾸물 늦장을 부렸다.

※ '늑장을 피우다' 의 '늑장' 대신 '늦 장' 을 쓰는 것도 가능합니다.

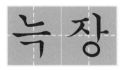 느릿느릿 꾸물거리는 태도.

[늑짱]

  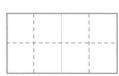

아하~

늑장을 피울 시간이 없다.

꿈질대며 늑장을 부리다가 지각하였다.

늑장을 부리다

웬 늑장인가 싶어 속이 상했다.

얘들아, 제발 늑장 부리지 말고 빨리빨 리 서둘러라.

냄새 내음

'냄새'와 '내음'은 둘 다 표준어

[냄ː새]

코로 맡을 수 있는 온갖 기운.

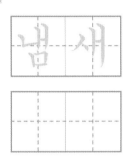

아하~

아직 덜 마른 시멘트 냄새가 풍긴다.　　발에서 고린 냄새가 난다.
잘 익은 과즙의 냄새.　　　　　　　　병원에서 나는 소독약 냄새
담배 냄새가 옷에 배었다.

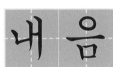

[내음]

코로 맡을 수 있는 나쁘지 않거나 향기로운 기운.

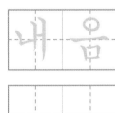

아하~

고향의 내음.　　　　　　　　　　　상쾌하다.
바다 내음이 물씬 풍긴다.　　　　　　싱그러운 꽃 내음.
풀 내음 가득한 숲속을 산책하니 기분이　어디선가 밥 익는 구수한 내음이 풍겨 왔다.

어떻게 다를까요?

낫다 났다

보다 더 좋거나 앞서 있다.

[낟:따]

사진보다 실물이 낫다.　　　　　　　형보다 동생이 인물이 낫다.

병이 씻은 듯이 낫다.

후퇴도 전진도 정체보다는 낫다.

신체 표면이나 땅 위에 솟아나다. (활용형: 났다)

우리 마을에 길이 났다.　　　　　　　공에 맞아 이마에 혹이 났다.

길에 바퀴 자국이 났다.

구두가 번쩍번쩍 광이 났다.

60

노름 놀음

'노름' 과 '놀음' 은 사용하는 경우가 다릅니다.

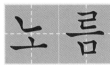

[노름]

돈이나 재물 따위를 걸고 내기를 하는 일.

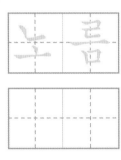 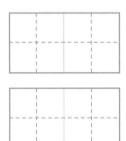 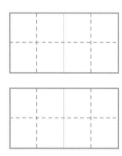

아하~

그는 노름으로 전 재산을 날렸다.
노름에 전 재산을 들이밀다
노름으로 살림이 거덜 났다.

그는 노름에 빠져서 재산을 다 탕진했다.

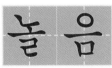

[노름]

여러 사람이 모여서 즐겁게 노는 일.

아하~

신선놀음
우리 놀음 계획을 좀 짜 보자.
줄타기놀음

자, 이제 놀음 한번 신나게 놀아 보세.

다녀오다 갔다 오다

 다 녀 오 다   어느 곳에 갔다가 돌아오다. 한 단어(합성어)

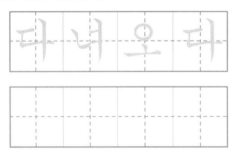

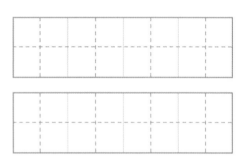

 아하~

휴가를 다녀오다.
고향에 다녀오다.
잠깐 집에 다녀오다.

 갔 다 오 다   '갔다' 뒤에 '오다' 가 쓰인 구 구성입니다.

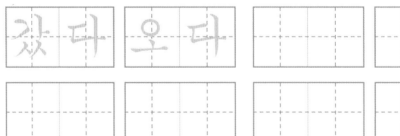

아하~

공중목욕탕에 목욕 갔다 오다.   밖에 비가 오니 우산을 쓰고 가거라.
겨울이 가고 봄이 왔다.   ※가다 한 곳에서 다른 곳으로 장소를
봄이 가고 여름이 온다.   이동하다. (활용형: 갔다)

다행 다행히

 뜻밖에 일이 잘되어 운이 좋음.

[다행]

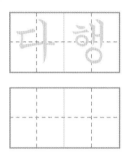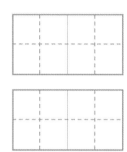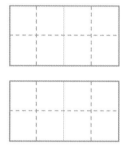

 아하~

일이 잘 해결되어 다행이다   아무튼, 불행 중 다행이다.
그나마 만날 수 있어서 다행이다.   불행 중 다행스러운 일.
상처가 저만하니 정말 다행입니다.

 뜻밖에 일이 잘되어 운이 좋게.

[다행히]

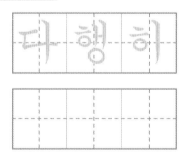

 아하~

다행히 잠시 쉴 틈이 났다.   었다.
다행히도 그는 위기를 모면했다.   늦은 밤 다행히도 막차를 만났다.
다행히 불길은 금방 잡혀서 큰 피해는 없   다행히 일이 원만하게 해결되었다

다르다 틀리다

 보통의 것보다 두드러진 데가 있다.

[다르다]

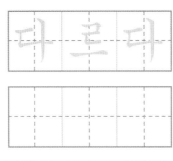

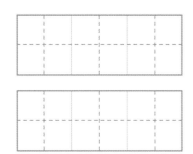

아하~

내가 알던 바와는 다르다.
이것과 저것은 경우가 다르다.
아들이 아버지와 얼굴이 다르다.

고장 난 문을 감쪽같이 고치다니 기술자
는 역시 달라.
역시 신문 기자의 센스는 다르구먼.

틀리다 셈이나 사실 따위가 그르게 되거나 어긋나다.

[틀리다]

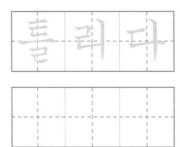

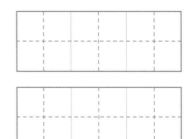

 아하~

순서가 틀리다
답이 틀리다.
계산이 틀리다.

몸이 틀리다.
맞춤법이 틀리다
경우에 틀리다

어떻게 다를까요?

다리다 달이다

'다리다' 와 '달이다' 는 사용하는 경우가 다릅니다.

 옷 주름이나 구김을 펴고 줄을 세우다.

[다리다]

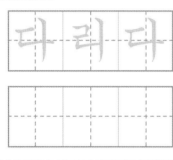

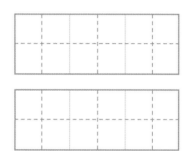

아하~

다리미로 옷을 다리다
바지에 줄을 세워 다리다.
줄진 바지를 다리다.

다리미로 와이셔츠를 다렸다.
바지를 다리다

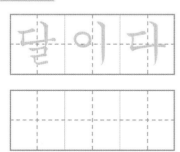 액체 따위를 끓여서 진하게 만들다.

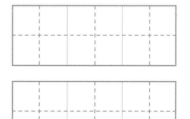

아하~

탕약 한 첩을 달이다
차를 달이다
정성을 들여서 보약을 달였다.

간장을 달이다
한약을 달이다
녹용을 달이다

담그다 잠그다

 액체 속에 넣다.

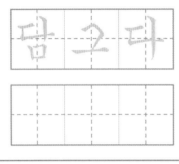 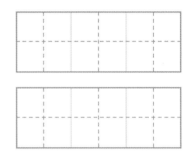

아하~

누룩을 띄워 술을 담그다.   매실주를 담그다.

맑은 개천 물에 발을 담그다.

시냇물에 발을 담그다.

 여닫는 물건을 열지 못하도록 자물쇠를 채우거나 빗장을 걸거나 하다.

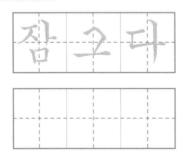 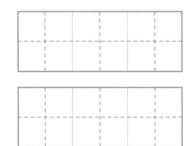

아하~

물에 수건을 잠그다.   방문을 꼭꼭 걸어 잠그다.

가스를 잠그다.

물을 잠그다.

무엇이 맞을까요?

딴전 딴청

'딴전'과 '딴청' 둘 다 맞습니다.

[딴전]

어떤 일을 하는 데 그 일과는 전혀 관계없는 일이나 행동.

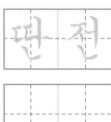  

아하~

보고도 못 본 체 딴전을 부리다
할 일은 않고 생딴전만 피우다.
딴전을 피우다

나는 묻는 말에는 대답하지 않고 딴전
을 보았다.

[딴청]

어떤 일을 하는 데 그 일과는 전혀 관계없는 일이나 행동.

아하~

그는 시간을 끌 작정으로 계속 딴청을 피
웠다.
그는 친구의 간곡한 부탁은 듣지 않고 딴

청을 부린다.
딴전/딴청을 피우는 아이.
딴전/딴청 부리지 말고 대답하렴.

67

되요 돼요

 다른 것으로 바뀌거나 변하다. (활용형: 돼요)

[되다/뒈다]

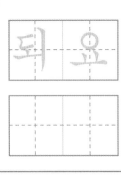 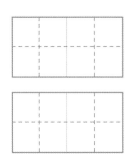 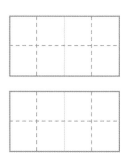

고리 가면 안 돼요.　　　　　　　　선생님의 설명을 들으니 이해가 돼요.
저는 집에 갈 때 택시를 타면 돼요.　이럼 안 돼요.
갖고 싶은 거 다 사도 돼요?

 다른 것으로 바뀌거나 변하다. (활용형: 되요)

[되다/뒈다]

쌀 두 되만 되어 주세요.　　　되가 인색하다.
떡쌀을 두 되 담그다　　　　　되로 쌀을 되다.
되가 후하다.

어떻게 다를까요?

띄다 띠다

따나 끈 따위를 두르다. [디다](X)

[띠다]

눈에 띄다.
원고에 가끔 오자가 눈에 띈다.
빨간 지붕이 눈에 띄는 집.

요즘 들어 형의 행동이 눈에 띄게 달라졌다.
책상 사이를 띄어라.

눈에 보이다.

[띠ː다]

얼굴에 미소를 띠다
눈에 애절한 빛을 띠다
중대한 임무를 띠다

붉은빛을 띤 장미.
빛깔이나 색채 따위를 가지다.
감정이나 기운 따위를 나타내다.

어떻게 다를까요?

대여 대관

'대여'와 '대관'은 유사하지만 조금씩 다릅니다.

 물건이나 돈을 얼마 동안 내어 줌.

[대:여]

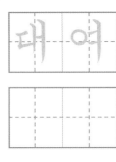

아하~

장난감 대여점
영농 자금 대여
대여금을 상환하다.

도서대여
대여점에서 비디오 한 편을 빌려 왔다.

 크고 넓게 전체를 내다봄.

[대:관]

아하~

공연장 대관.
전시관 대관
작은 공연장을 대관하여 공연을 하였다.

체육관 대관이 어려울 수 있다

70

어떻게 다를까요?

도무지 도저히

 아무리 해도. 주로 부정 표현

[도무지]

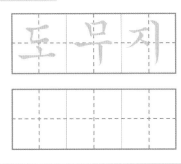 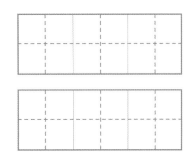

아하~

그 사람과는 도무지 말이 안 통한다.

그는 도무지 예의라곤 없는 사람이다.

그자가 하는 일은 도무지 믿을 수가 없다.

이 음식은 도무지 맛이 없어서 먹을 수가 없다.

도 저 히 아무리 하여도. 주로 부정 표현

[도:저히]

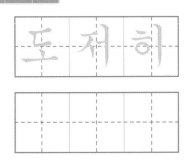 

아하~

도저히 참을 수가 없다.

열불이 나서 도저히 못 참겠다.

나로서는 그를 도저히 이해할 수 없다.

그 일은 도저히 용서 받을 수 없다.

돋우다 돋구다

'돋우다'와 '돋구다'는 사용하는 경우가 다릅니다.

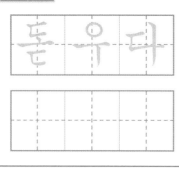

도드라지거나 높아지게 하다.

[또두다]

아하~

발끝을 돋우어 창밖을 보았다.
식욕을 돋우다
목청을 돋우다

신명을 돋우다.
화를 돋워 큰 싸움이 났다.
봄나물이 입맛을 돋웠다.

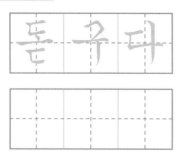

안경의 도수 따위를 더 높게 하다.

[돋꾸다]

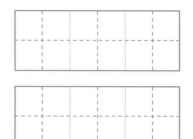

아하~

기세를 돋구다.
심술을 부려 남의 부아를 돋구다.
그 노래가 흥을 돋궜다

벌써 안경 도수를 돋굴 때가 되었네.

72

무엇이 맞을까요?

들락날락 들랑날랑

'들락날락'과 '들랑날랑' 둘 다 맞습니다.

들락날락   자꾸 들어왔다 나갔다 하는 모양.

[들랑날락]

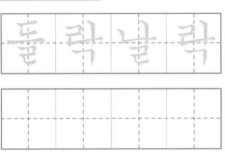

아하~

요즘 들락날락 정신이 없다.   정신이 들락날락 혼미하다.

뭘 하기에 그렇게 들락날락 분주하냐?

어린앤 저 혼자 들락날락 잘 노는걸요.

들랑날랑   자꾸 들어왔다 나갔다 하는 모양.

[들랑날랑]

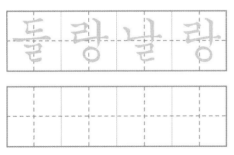

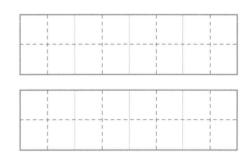

아하~

뭘 하기에 그렇게 들랑날랑 분주하냐.   들랑날랑할 수 있을 정도의 구멍이 있

나는 배탈이 나서 하루 종일 들랑날랑 화   었다.

장실에 살다시피 했다.

무엇이 맞을까요?

뒷말 뒷소리

'뒷말'과 '뒷소리' 둘 다 맞습니다.

 계속되는 이야기의 뒤를 이음.

[뒨:말]

뒷말이 나지 않게 조심하세요.　　　　　뒷말을 계속하다.
이번 사건에는 유난히 뒷말이 무성하다.
나랑 약속하고서 뒷말하기 없기다.

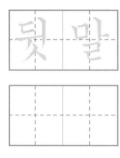 뒤에서 응원하는 소리.

[뒤:쏘리
/뒫쏘리]

아하~

큰일에는 뒷소리가 많은 법이다.　　　　'뒷담(X)'을 이는 표준어가 아니니
뒷소리가 나지 않게 일을 잘 처리하자.　　주의해 주세요.
※ '뒷말'과 '뒷소리' 대신 '뒷담화(X)'나

어떻게 다를까요?

대게 대개

'대개' 와 '대게' 는 사용하는 경우가 다릅니다.

[대게]

우리나라에서 나는 크고 맛이 좋은 게.

 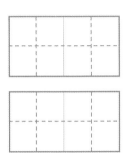 

아하~

속살이 꽉 찬 영덕 대게가 흥겨운 축제 판을 벌였다.
대게매운탕

대게의 다리 껍데기를 절개하면 하얀 속살을 맛볼 수 있다.
싱싱한 영덕 대게

[대:개]

기본적인 부분만을 따 낸 줄거리.

  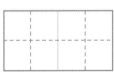

아하~

씨앗은 대개 이른 봄에 뿌린다.
씨앗은 대개 이른 봄에 뿌려요.
들어보니 대개는 그런 내용이었다.

대개 한 달쯤 지나야 적응이 됩니다.
남편의 퇴근 시간은 대개 일정했다.

어떻게 다를까요?

덮이다 덮치다

'덮이다' 와 '덮치다' 는 사용하는 경우가 다릅니다.

덮이다

보이지 않도록 넓은 천 따위가 얹혀 씌워지다.

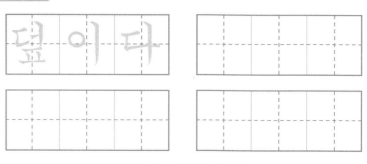

아하~

표면층이 빙하로 덮이다.

빙설로 덮이다

마을이 폭설로 덮여 있다.

덮치다

좋지 아니한 여러 가지 일이 한꺼번에 닥쳐오다.

[덥치다]

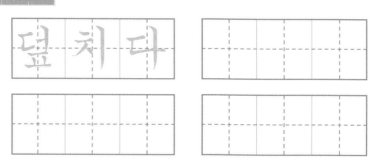

아하~

호랑이가 사슴을 덮치다   불운이 덮치다

역병이 마을을 덮치다   눈에 덮인 마을

해일이 부두를 덮치다

똑같다 꼭 같다

 모양, 성질, 분량 따위가 조금도 다른 데가 없다.

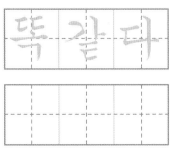 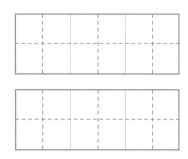

아하~

정사각형은 네 변의 길이가 똑같다.

나는 형과 키가 똑같다.

그 집 남자들은 전화를 받는 목소리가 똑

같다.

정사각형은 가로세로의 길이가 똑같다.

 의 비표준어.

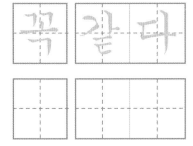 

아하~

똥그스름하게 생긴 얼굴이 꼭 달덩이 같다.

저이는 꼭 배우 같아!

오늘은 꼭 무슨 일이 일어날 것만 같다.

그 아이는 얼굴이 너무 하얘서 꼭 아픈 사람 같다.

어떻게 다를까요?

떼다 띠다 띄다

'떼다' , '띠다' , '띄다' 는 사용하는 경우가 다릅니다.

 붙어 있는 것을 떨어지게 하다

[떼:다]

아하~
주민 등록 등본을 떼다.   옷에서 상표를 떼다
벽에서 벽보를 떼다   시선을 떼다

 띠나 끈 따위를 두르다.

[띠:다]

아하~
얼굴에 미소를 띠다   얼굴에 난처한 빛을 띠다
중대한 임무를 띠다   눈에 애절한 빛을 띠다

[띄다]

아하~
귀가 번쩍 띄는 이야기   남의 눈에 유표히 띄다
빨간 지붕이 눈에 띄는 집   살기를 띄다

로서 로써

'로서'와 '로써'는 사용하는 경우가 다릅니다.

[로서]

자격을 나타내는 경우 사용합니다.

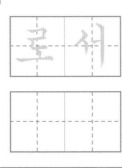 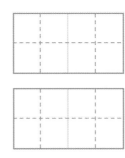 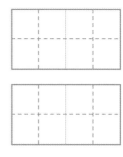

아하~

음악인으로서 큰 영광입니다.

부모로서 의무를 다하다.

그 계약서의 효력은 무효로서.

역사적 사료로서의 풍속화.

[로써]

어떤 일의 수단이나 도구를 나타내는 격 조사. '로' 보다 뜻이 분명하다.

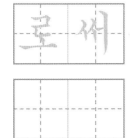  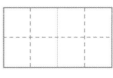

아하~

칼로써 흥한 자는 칼로써 망하다.

음악으로써 병을 치유한다.

저렴한 물건으로써 손님을 모았다.

※로 [로] 움직임의 방향을/경로를 나타
내는 격 조사.
변화의 결과를 나타내는 격 조사.

어떻게 다를까요?

맞히다 맞추다

 문제에 대한 답을 틀리지 않게 하다. '맞다' 의 사동사.

[마치다]

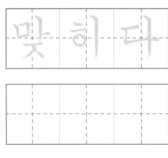

아하~

정답을 맞히다
과녁을 맞히다
뇌염 예방 주사를 맞히다.

아이의 엉덩이에 주사를 맞히다.
해답을 맞히다

맞추다 서로 떨어져 있는 부분을 제자리에 맞게 대어 붙이다.

[맏추다]

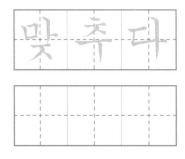

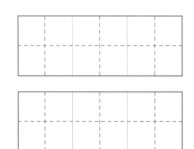

아하~

볼에 입을 쪽 맞추다.
가까스로 차 시간에 맞추다
숫자를 순서대로 맞추다

기분을 맞추다
악기의 음조를 맞추다.

80

무엇이 맞을까요?

멀찌감치 멀찍이

'멀찌감치' 와 '멀찍이' 둘 다 맞습니다.

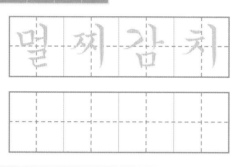 사이가 꽤 떨어지게.

[멀찌감치]

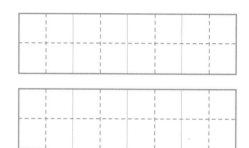

아하~

멀찌감치 도망가다

낚싯바늘에 떡밥을 달아 멀찌감치 던져 놓았다.

위험하니까 멀찌감치 떨어져 있어.

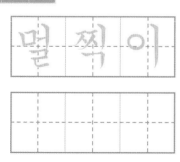 사이가 꽤 떨어지게.

[멀찌기]

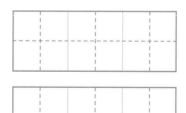

아하~

어머니는 아버지의 뒤를 멀찍이 따라오셨다.

이미 멀찍이 도망간 도둑.

위험하니까 멀찍이 떨어져 있어.

※ '멀찌가니' 도 표준어이니 기억해 주세요.

무엇이 맞을까요?

모쪼록 아무쪼록

'모쪼록' 과 '아무쪼록' 둘 다 맞습니다.

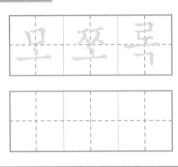 될 수 있는 대로.

[모쪼록]

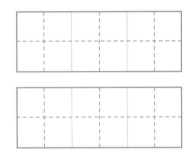

아하~

모쪼록 좋은 성과가 있기를 바랍니다.
모쪼록 몸조심하여라.
모쪼록 사랑이 이 가정에 그득하기를 바랍

니다.
두고 간 나를 서러워 말고 모쪼록 편히
가시오.

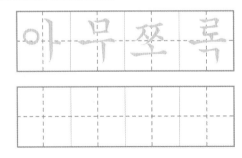 될 수 있는 대로.

[아ː무쪼록]

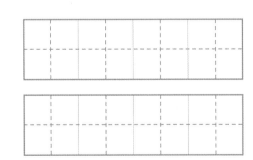

아하~

아무쪼록 행운이 있길 빈다.
아무쪼록 건강하게 잘 지내라.
아무쪼록 신의 가호가 있기를!

아무쪼록 원만히 해결되었으면 합니다.
모쪼록/아무쪼록 피해가 없기를 바랍니다.

82

어떻게 다를까요?

모퉁이 모롱이

 '구부러지거나 꺾어져 돌아간 자리' '모퉁이'의 방언(경기, 경상, 전남, 제주, 평안).

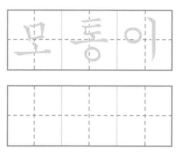

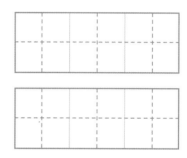

아하~

 교실 모퉁아리에서 몰래 자다.
모퉁아리를 돌면 보인다.

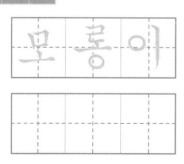 '산모퉁이의 휘어 둘린 곳(굽어 돌아간 곳)

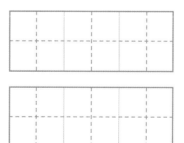

아하~

 ○○는 대밭 모롱이를 돌아 황톳길을 총총   걸음을 뗄 때마다 뒤를 돌아보았다.
히 올라간다.
그녀는 동구 밖 모롱이를 돌아갈 때까지

어떻게 다를까요?

몹쓸 못쓸

 악독하고 고약한.

[몹ː쓸]

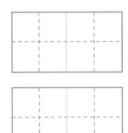

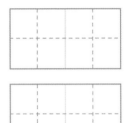

아하~

네 녀석은 순 몹쓸 놈이구나.　　　　몹쓸 놈 같으니.
아니 요런, 천하에 몹쓸 놈 같으니라고!
그녀는 매일 밤 몹쓸 꿈에 시달렸다.

못쓸 얼굴이나 몸이 축나다. (활용형: 못쓸)

[몯ː쓰다]

아하~

남자가 말이 많으면 못쓴다.　　　　돈을 자꾸 고깃거리면 못쓴다.
휴지를 함부로 버리면 못쓴다.
사람을 그렇게 무시하면 못쓴다.

84

먹먹하다 멍멍하다

먹 먹 하 다
갑자기 소리가 잘 들리지 않다.

[멍머카다]

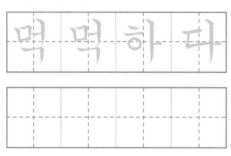

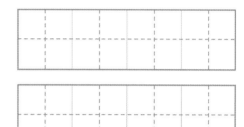

아하~

귀가 먹먹하다
소음이 심해서 귀가 먹먹하다.
높은 산에 올라가니 귀가 먹먹하다.

멍 멍 하 다
정신이 빠진 것같이 어리벙벙하다.

[멍멍하다]

 아하~

이제 막 잠에서 깨서 멍멍한 상태이다.

사랑에 **목매다** **목메다**

'사랑에 목매다' 가 맞습니다.

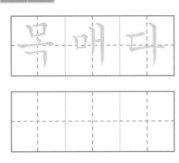 죽거나 죽이려고 목을 걸어 매달다.

[몽매다]

아하~

형은 그 일에 목을 매고 있다.
목에 넥타이를 매다
몸무게에 목매지 말고 건강하게 운동하자.

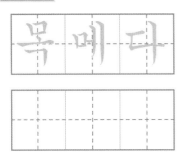 감정이 북받쳐 솟아올라 그 기운이 목에 엉기어 막히다.

[몽메다]

아하~

슬픔에 목메어 한 마디도 할 수 없었다.
목메어 애타게 불러도.

※'목메이다' 가 표준어가 아니고 '목메
다' 가 표준어

무엇이 맞을까요?

멍게 우렁쉥이

'멍게'와 '우렁쉥이' 둘 다 맞습니다.

 표면에 젖꼭지 같은 돌기가 있다.

[멍게]

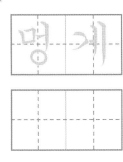

아하~

그녀는 잠수를 해서 멍게를 따 가지고 왔   이었다.
다.
여드름이 가득한 것이 꼭 멍게 같은 얼굴

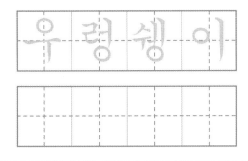

아하~

멍게/우렁쉥이 비빔밥.
지역 특산물 멍게/우렁쉥이
맛도 좋고 피로 회복에도 좋은 '멍게/우렁

쉥이' 요리 어떠세요?우렁쉥이 표면에
젖꼭지 같은 돌기가 있다

어떻게 다를까요?

마는 만은

'마는' 과 '만은' 은 사용하는 경우가 다릅니다.

어떤 일이나 행동을 하지 않거나 그만두다.

[말:다]

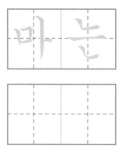 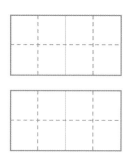 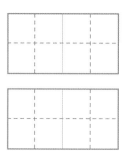

아하~

너도 가지마는 그다지 재미는 없을 것이다.　　사고 싶다마는 돈이 부족해.

밥을 먹는 둥 마는 둥 수저를 내려놓는다.　　자고 싶지마는 할 일이 많아

시계가 가는 거야 마는 거야?

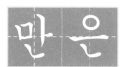

사물을 한정하여 이르는 보조사

아하~

너만은 내가 지킬게　　　　　　　　　　듣고 보니 좋아할 만은 한 이야기이다.

그것만은 안 돼요.　　　　　　　　　　김치가 많이 시긴 했지만 먹을 만은 했어

그가 그러는 것도 이해할 만은 하다.　　요.

무난하다 문안하다

'무난하다' 와 '문안하다' 는 사용하는 경우가 다릅니다.

 별로 어려움이 없다.

[무난하다]

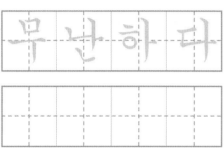

아하~

그 정도 실력이면 입학이 무난하다.
그녀는 식성이 까다롭지 않고 무난하다.
발라드풍의 이 곡은 듣기에 무난하다.

시험이 별로 어렵지 않아서 무난하게 통과했다.

문안하다 웃어른께 안부를 여쭈다.

[무:난하다]

아하~

아버지께 문안하다.
부모님께 아침 문안을 여쭙다.
그동안 별고 없으신지 문안드리옵니다.

아침에 아버지께 안녕히 주무셨냐고 문안했다.

어떻게 다를까요?

먹이다 먹히다

'먹이다' 와 '먹히다' 는 사용하는 경우가 다릅니다.

 음식 따위를 입을 통하여 배 속에 들여보내게 하다.

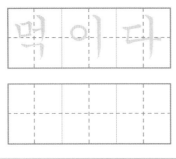 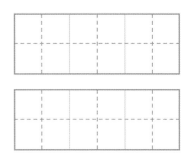

아하~

알밤을 한 대 먹이다.　　　　　머리에 알밤을 먹이다.
환자에게 죽을 먹인다.　　　　아기에게 밥을 먹이다.
우유를 젖병에 담아 먹이다.

 음식 따위가 입을 통하여 배 속에 들여보내지다.

[머키다]

아하~

밥이 잘 먹히다.
호랑이에게 잡아먹히다.
토끼가 호랑이에게 먹힌다.

어떻게 다를까요?

먹지 말라 먹지 말아라

'먹지 말라' 와 '먹지 말아라' 는 사용하는 경우가 조금씩 다릅니다.

 누군가에게 명령을 할 때

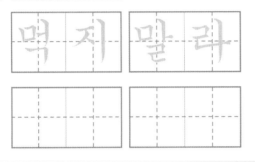 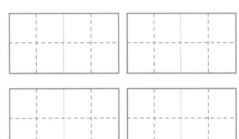

 아하~

먹지 마라. 누군가에게 명령을 할 때
괜히 딴마음 먹지 마라.
밥상에 밥을 흘리면서 먹지 마라.

아무 음식이나 먹지 말라고 했다.
아이는 잘 먹지 못해 날이 갈수록 비썩비썩 말라 갔다.

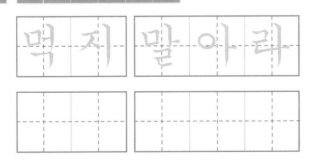 허락 없이 다른 음식을 먹지 말아라.

 아하~

벌어진 사발에 국수를 말아 먹었다.
국에 밥을 말아 먹다.
편식하지 말고 다른 것도 먹어라.

이것저것 가리지 말고 골고루 먹어라.
누군가에게 명령을 할 때 '먹지 말아라/먹지 마라'

어떻게 다를까요?

바치다 받치다

 웃어른에게 정중하게 드리다.

[바치다]

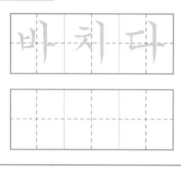

아하~

평생을 과학 연구에 몸을 바치다
나라를 위하여 목숨을 바치다
음식을 바치다.

변함없는 충성을 바치다
과학 연구에 평생을 바쳤습니다.

물건의 다른 물체를 대다.

[받치다]

아하~

커피 잔을 차반에 받치다
발판을 받치다.
우산을 받치다.

책받침을 받치다
지붕을 기둥으로 바쳐 놓았다.

92

어떻게 다를까요?

반드시 반듯이

 틀림없이 꼭.

[반드시]

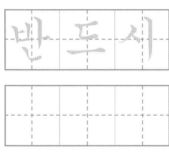

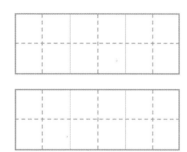

아하~

반드시 약속을 지키세요.
반드시 시간에 맞추어 오너라.
언행은 반드시 일치해야 한다.

비가 오는 날이면 반드시 허리가 쑤신다.
지진이 일어난 뒤에는 반드시 해일이 일
어난다.

반듯이 비뚤어지거나 기울거나 굽지 아니하고 바르게.

[반드시]

아하~

모자를 반듯이 고쳐 썼다.
자세를 반듯이 해서 앉으세요.
관물을 반듯이 정리해라.

고개를 반듯이 들어라.
차는 반듯이 나 있는 길을 빠른 속도로
달렸다.

어떻게 다를까요?

발명 발견

 새로 생각하여 만들어 냄.

[발명]

 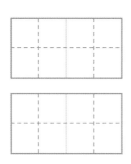 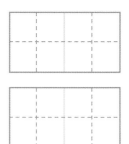

 아하~

중기 기관의 발명   발명 특허의 출원

금속 활자의 발명.   발명품 경진 대회

우수 발명품 전시 대회

 사실 따위를 찾아냄.

[발견]

  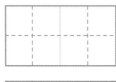

아하~

신대륙 발견   남편의 비상금을 우연히 발견하였다.

새로운 유적과 유물의 발견.   질병은 조기에 발견해야 치료가 쉽다.

맹수가 지나간 자리를 발견하였다.

94

어떻게 다를까요?

바뀌다 바꾸다

 다른 날이나 달, 해가 오다. (활용형: 바뀌었어) [바꼇에](X)

[바꾸다]

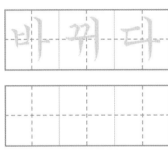

아하~

태풍의 진로가 바뀌었다.　　　　　　의견이 바뀌다
신호가 파란불로 바뀌었다.　　　　　논조가 바뀌다.
머리 모양이 바뀌다　　　　　　　　1월 1일이 되어 해가 바뀌었다.

바꾸다 다른 것으로 채워 넣거나 대신하게 하다.

[바꾸다]

아하~

잠자리를 바꾸다.　　　　　　　계획을 바꾸다
화장을 바꾸다　　　　　　　　화제를 바꾸다.
설계를 바꾸다　　　　　　　　달러로 바꾸다.

바람 바램

바람'이 표준어입니다. [바램](X)

[바람]

어떤 일이 이루어지기를 기다리는 간절한 마음.

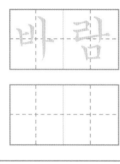

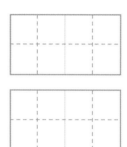

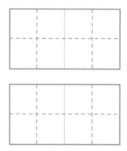

아하~

바람 한 점 없다
급히 먹는 바람에 체했다
찬바람이 쌩쌩 불다

무슨 바람이 불어 여기까지 왔니?
※ '바라다'에서 파생어 '바람'이라고
　해야 합니다.

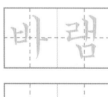

[바:램]

색이 변하다.

 아하~

빛이나 색이 바램.
물건이 바람이나 비를 맞아 바램.
청바지 색이 바램.

어떻게 다를까요?

바래다 바라다

 볕이나 습기를 받아 색이 변하다.

[바:래다]

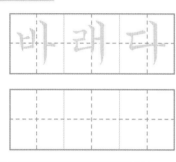

물이 바래다
색깔이 바래다
종이가 누렇게 바래다

앞 큰길까지만 바래다줘.
그녀는 친정어머니를 역까지 바래다 드렸다.
그럼, 제가 정류장까지 바래다 드리지요.

어떤 것을 향하여 보다. 바르다(강원 방언)

[바라다]

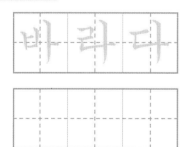

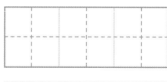

요행을 바라다
도움을 바라다
기적을 바라다.

간절히 바라다
행복을 바라다
합격을 바라다

반증 방증

어떤 사실이나 주장이 옳지 아니함을 근거를 들어 증명함.

[반:증]

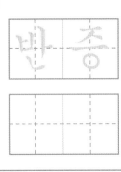

그 주장을 뒤집을 만한 반증이다.
중요하다는 것을 반증한다.
걸림돌이 되지 않는다는 반증이기도 하다.

그의 침묵은 그것이 사실임을 반증하고 있다.
우리에겐 그 사실을 뒤집을 만한 반증이
없다.

어떤 사실에 대한 간접적이고 주변적인 증거.

[방증]

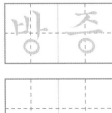

가능성이 높다는 방증이기 때문이다.
인식이 확산되고 있다는 방증이기도 합니
다.

압박을 받고 있다는 방증이기도 하다.
높은 실업률은 고용 불안의 방증입니다.

어떻게 다를까요?

비키다 비끼다

'비키다' 와 '비끼다' 는 사용하는 경우가 다릅니다.

 무엇을 피하여 자리를 조금 옮기다.

[비:키다]

 아하~

자리를 비키다
옆으로 비키다.
태풍이 비켜 가다

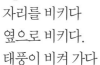 비스듬히 놓이거나 늘어지다.

[비끼다]

 아하~

구름장이 비끼다　　　　　　가로 비끼다.
반대가 되게 서로 비끼다.
햇살이 비끼다

벌리다 벌이다

 여러 가지 물건을 늘어놓다.

[버:리다]

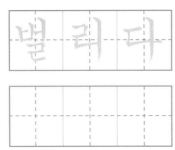

아하~

친구와 논쟁을 벌이다   장기판을 벌이다
친선 경기를 벌이다.   좌판을 벌이다
잔치를 벌이다   이웃 나라와 전쟁을 벌이다

 둘 사이를 넓히거나 멀게 하다.

[벌:리다]

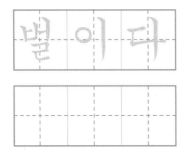

아하~

줄 간격을 벌리다   하늘을 향해 두 팔을 벌리다
가랑이를 벌리다   두 팔을 넓게 벌리다.
입을 벌리고 하품을 하다

어떻게 다를까요?

뵈다 베다

뵈 다

'보이다' 의 준말. (활용형: 봬요) [뵈요](X)

[붸:다/뵈:다]

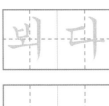 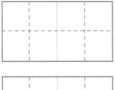 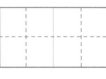

 아하~

그럼 내일 봬요.　　　　　　　　　　우리는 선생님을 자주 봬요
할아버지를 봬요.　　　　　　　　　　멀리 바다가 뵈는 집
할머니를 봬서 좋아요.　　　　　　　종종 찾아봬도 될까요?

베 다

날이 있는 물건으로 상처를 내다.　비다(X)

[베:다]

 아하~

낫으로 벼를 베다.　　　　　　　　　톱으로 나무를 베다
무릎을 베다　　　　　　　　　　　　베개를 고쳐 베다
나무를 베다.

부치다 붙이다

 다른 곳이나 다른 기회로 넘기어 맡기다.

[부치다]

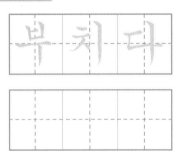

소포를 부치다.

이 문제는 회의에 부치도록 하자.

밝은 달에 부쳐 읊은 시조.

이 한 몸 부칠 곳이 없으랴.

빈대떡을 부쳐 먹는다.

부채를 부친다.

 맞닿아 떨어지지 않게 하다.

[부치다]

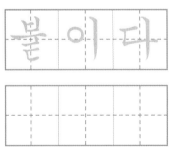

잠깐 눈 좀 붙여.

봉투에 우표를 붙였다.

자꾸 이러저러한 조건을 붙인다.

가구를 벽에 붙이다.

다리에 힘을 붙이다.

취미를 붙이다.

밤새다 밤새우다

'밤새다' 와 '밤새우다' 는 사용하는 경우가 다릅니다.

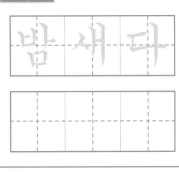 밤이 지나 날이 밝아오다.

 아하~

나는 어제 밤새서 시험공부를 했다.
밤이 새도록 이야기를 나누었다.

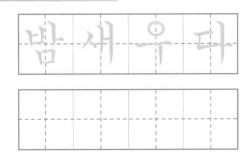 잠을 자지 않고 밤을 보내라.

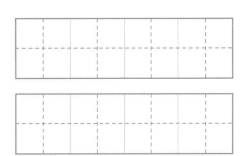

 아하~

뜬 눈으로 밤을 새우다.
밤을 꼴딱 새우다.
밤을 새웠더니 지금 너무너무 피곤하다.

어떻게 다를까요?

번득이다 번뜩이다

 물체 따위에 반사된 큰 빛이 잠깐씩 나타나다. 또는 그렇게 되게 하다.

[번득이다]

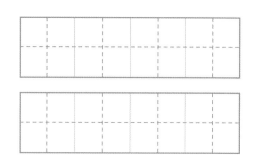

아하~

광채가 번득이다.
눈에 힘을 주며 번득이다.
번득이는 맹수의 눈빛.

금목걸이가 햇빛에 번득이다.

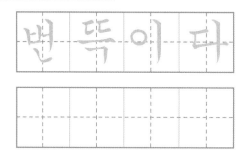 생각 따위가 갑자기 머릿속에 떠오르다.

[번뜨기다]

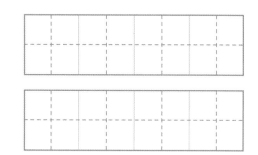

아하~

감시의 눈을 번뜩이다.
기지가 번뜩이다.
시퍼런 칼날이 번뜩이다.

자꾸 눈을 부릅떠서 번뜩이다.

벌에 쏘였다 벌에 쐬었다

둘 다 맞습니다.

쏘였다 직접 맞다.(형용형:쏘이다)

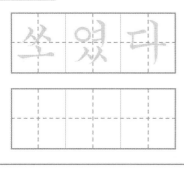
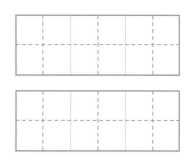

아하~

벌에 쏘인 자리가 부어오른다.　　　　　벌에 쏘이었다.
벌에 쏘인 자리가 붓다
벌에게 쏘이다.

쐬었다 얼굴이나 몸에 바람이나 연기, 햇빛 따위를 직접 받다.(활용법:쐬다)

아하~

벌에 쐬었다.
벌에 쏘였다.
벌에 쐬어 손이 퉁퉁 부었다.

봉오리 봉우리

'봉오리' 와 '봉우리' 는 사용하는 경우가 다릅니다.

봉오리 망울만 맺히고 아직 피지 아니한 꽃.

[봉오리]

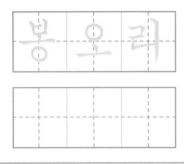 

아하~

장미가 빨간 봉오리를 맺었다.
목련은 벌써 봉오리가 맺기 시작했다.
봉오리가 맺히다

또다시 꽃봉오리가 올라온다.
'봉오리' 는 '꽃봉오리' 라고 쓸 수 있으니
기억.

봉우리 산에서 뾰족하게 높이 솟은 부분을 뜻합니다.

[봉우리]

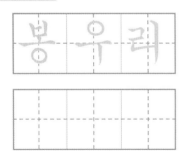 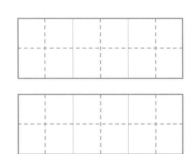

아하~

험난한 봉우리.
청명하게 솟은 봉우리
봉우리의 가파른 줄기

가장 높은 봉우리 세 개를 넘어야 한다.
'봉우리' 는 '산봉우리' 라고도 쓸 수 있으
니 기억.

어떻게 다를까요?

배내옷 배냇저고리

 깃과 섶을 달지 않은, 갓난아이의 옷.

[배:내옫]

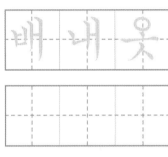 

 아하~

갓난아이에게 자그마한 배내옷을 입혔다. 새댁은 아기에게 배내옷을 입힌 뒤 젖을 먹였다.

배내옷을 장만하며 문득 행복하다는 생각이 들었다.

배 냇 저 고 리 깃과 섶을 달지 않은, 갓난아이의 옷.

[배:내쩌고리]

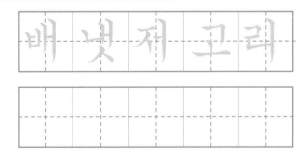

 아하~

배냇저고리를 입히다
면직물로 만든 배냇저고리.
가 처음 입는 배내옷/배냇저고리.

신생아 배내옷/배냇저고리 선물

107

어떻게 다를까요?

빌미 핑계

재앙이나 탈 따위가 생기는 원인.

[빌미]

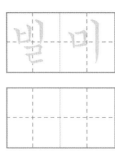

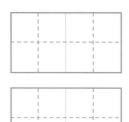

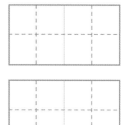

독재자는 이 사건을 탄압의 빌미로 삼았다.

○○이가 ○○이를 괴롭힐 빌미를 잡았다.

그녀는 번역 일을 빌미로 일자리를 얻었다.

잘못한 일에 대하여 이리저리 돌려 말하는 구차한 변명.

[핑게/핑계]

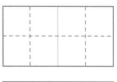

먹고산다는 핑계로 죄를 짓지 말라.

그녀는 이런저런 핑계로 나와의 만남을 피했다.

자꾸 핑계만 대지 말고 묻는 말에나 대답해.

무엇이 맞을까요?

삐치다 삐지다

'삐치다' '삐지다' 둘 다 맞습니다.

 성나거나 못마땅해서 마음이 토라지다.

[삐:치다]

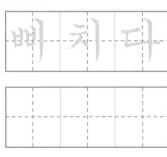 

삐진/삐친 표정
김칫국에 무를 삐져 넣었어.

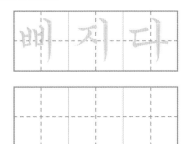 속에서 겉 또는 밖으로 밀려 나오다.

친구가 저 때문에 삐졌어요./삐쳤어요.

어떻게 다를까요?

분류 분석

'분류' 와 '분석' 은 사용하는 경우가 다릅니다.

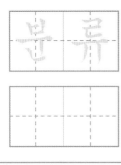 종류에 따라서 가름.

[불류]

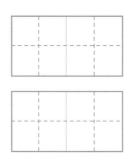

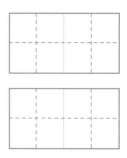

아하~

사용 목적에 따른 분류.
이 하천은 낙동강의 분류이다.
분류가 잘못되다.

상품을 품목별로 분류했다.
우편물을 지역별로 분류하다.

 복잡한 것을 풀어서 개별적인 요소나 성질로 나눔.

[분ː석]

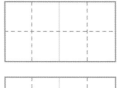

아하~

자료의 분석을 마쳤다.
상황 변화를 냉철히 분석하다.
제품의 기능을 분석한다.

과학자는 어떤 대상이든지 면밀한 분석
을 한다.

110

어떻게 다를까요?

빚 빛

'빚' 과 '빛' 은 사용하는 경우가 다릅니다.

 꾸어 쓴 돈이나 외상값 따위를 이른다.

[빋]

아하~

빚을 안고 이 집을 샀다.
집을 사느라고 큰 빚을 졌다.
모든 자식들은 부모에게 빚이 있습니다.

어머니께서는 빚을 내어 내 학비를 마
련해 주셨다.
올해는 꼭 빚을 다 갚아야지.

 물체가 광선을 흡수 또는 반사하여 나타내는 빛깔.

[빋]

아하~

한 줄기 광명의 빛.
태양 빛이 강하여 눈이 시다.
기쁜 빛을 감추지 못하다.

가을의 쓸쓸한 빛이 더해 가다.
환한 빛 때문에 눈이 부셨다.

111

밭뙈기 밭떼기

'밭뙈기' 와 '밭떼기' 는 사용하는 경우가 다릅니다.

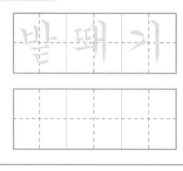 얼마 안 되는 자그마한 밭.

[밭뙈기]

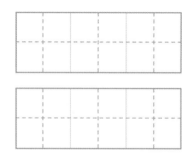

 아하~

밭뙈기 하나 없는 가난한 집에서 태어났다.
손바닥만 한 밭뙈기에 농사.

밭뙈기들이 드문드문 나타났다.
뒷마당에 있는 밭뙈기에 고추를 조금 심었다.

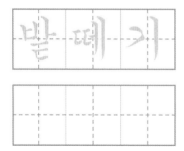 밭에서 나는 작물을 밭에 나 있는 채로 몽땅 사는 일.

[밭떼기]

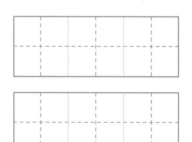

아하~

배추를 밭떼기로 샀다.
고추를 밭떼기로 예매를 했다.
밭떼기 거래.

밭떼기로 배추를 사서 판매를 할 예정이다.
농협에서 실시하는 밭떼기 수매.

비치다 비추다

'비치다' 와 '비추다' 는 사용하는 경우가 다릅니다.

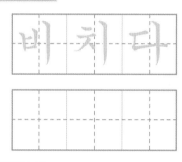 빛이 나서 환하게 되다.

[비치다]

아하~

햇빛이 비치다.
모습이 비치다
어둠 속에 달빛이 비치다.

구름 사이로 햇빛이 번히 비치다.
달빛이 창에 은은하게 비치다.

 빛을 내는 대상이 다른 대상에 빛을 보내어 밝게 하다.

[비추다]

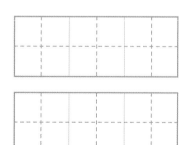

아하~

손전등을 비추다.
얼굴을 비추다.
거울에 얼굴을 비추다.

빛을 비추다.
잔잔한 수면에 얼굴을 비추다.

무엇이 맞을까요?

부부 금슬 부부 금실

'부부 금슬/금실' 둘 다 맞습니다.

[금실]

부부간의 사랑.

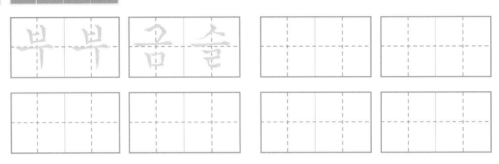

 아하~

부부간에 금실이 좋다.

금실 좋은 부부.

저 부부 금실이 아주 좋아서 보기 좋다.

그 부부는 다른 사람들의 부러움을 살 정도로 금실이 좋다.

[금슬]

거문고와 비파를 아울러 이르는 말.

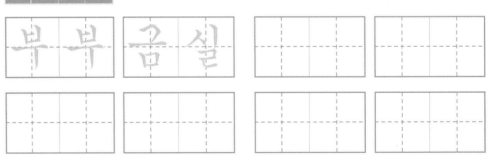

아하~

그들 부부는 금슬이 매우 좋다.

옆집에 사는 부부는 금슬이 매우 좋아 뵌다.

그들은 금슬 좋은 부부로 소문나 있다.

부부 간의 금슬

114

어떻게 다를까요?

부딪치다 부딪히다

 무엇과 무엇이 힘 있게 마주 닿거나 마주 대다.

[부딛치다]

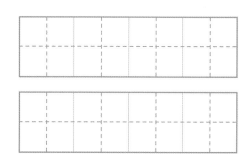

 아하~

이가 딱딱 부딪치다.　　　　벽에 쾅 부딪치다.
자동차에 부딪친다.　　　　몸을 벽에 부딪친다.
기술적 난점에 부딪치다.　　파도가 바위에 부딪쳤다.

 예상치 못한 일이나 상황 따위에 직면하게 되다. '부딪다' 의 피동사.

[부디치다]

 아하~

피할 수 없는 운명에 부딪히다.　　문제에 부딪히다
파도가 뱃전에 부딪히다.　　　　덜커덩 부딪히다
냉혹한 현실에 부딪히다.

어떻게 다를까요?

붉히다  붉어지다  불거지다

붉히다

성이 나거나 또는 부끄러워 얼굴을 붉게 하다.

[불키다]

수줍은 듯 얼굴을 붉히다.	수치감에 얼굴을 붉히다.
낯을 붉히다.	눈시울을 붉히다.

붉어지다

빛깔이 점점 붉게 되어 가다.

[붇:따]

고추가 붉어지다.	흥분이나 부끄러움으로 얼굴이 붉어지다.
얼굴빛이 붉어지다.	부끄럽거나 창피하여 얼굴색이 붉어지다.

불거지다

물체의 거죽으로 둥글게 툭 비어져 나오다.

[붇따]

해어진 양말 밖으로 발가락이 불거지다.	광대뼈가 툭 불거지다.
이마가 툭 불거지다.	말썽거리가 불거지다.

116

어떻게 다를까요?

사항 상황 현황

 일의 항목이나 내용.

[사:항]

 아하~

이력서에 기재 사항을 빠짐없이 써넣다.   세요.
여행 계획에 변동 사항이 있으면 알려 주   의회에서 논의된 주요 사항.

 일이 되어 가는 과정이나 형편.

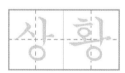  

아하~

지금은 상황이 아닌 비상시국이다.   돌발적 상황에 신속히 대처하다.
상황 변화를 냉철히 분석하다.   일이 진척되어 가는 상황이 어떠한가?

 현재의 상황.

[현:황]

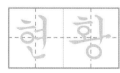  

아하~

미술계의 현황.   출하다.
상품의 판매 현황을 조사하여 보고서로 제   박물관의 운영 현황을 알고 싶습니다.

어떻게 다를까요?

살짝 조금 약간

 힘들이지 아니하고 가볍게.

이것 좀 살짝 들어 봐라.　　　　　　그는 모임에서 살짝 빠져나갔다.
몸에 향수를 살짝 뿌렸다.　　　　　그는 그 일을 내게만 살짝 알려 주었다.

 적은 정도나 분량.

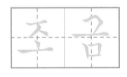  

남아 있는 음식이 조금밖에 없다.　　　정상에 다 왔으니 조금만 힘내라.
지금은 세 시가 조금 넘었다.　　　　조금 쉬라고 했더니 아예 잠을 자는군.

 얼마 되지 않음.

[약깐]

아하~
그 사람은 약간 불안한 것 같았다.　　　그는 약간의 돈이 필요한 모양이었다.
그 집은 약간 높은 곳에 위치하고 있었다.　노을은 약간 붉은빛을 띠고 있었다.

118

어떻게 다를까요?

솔직히 솔직하게

솔직히   거짓이나 숨김이 없이 바르고 곧다. (활용형: 솔직하게)

[솔찌키]

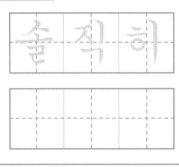

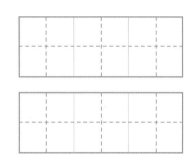

아하~

솔직하게 대답하다   솔직하다는 것은 그의 장점이자 단점이

묻는 말에 솔직하게 대답해 주세요.   다.

그는 자신의 잘못을 솔직하게 고백했다.   솔직하고 꾸밈이 없는 태도

솔 직 하 게   거짓이나 숨김이 없이 바르고 곧게.

[솔찌카다]

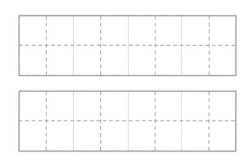

아하~

솔직히 대답하다.   그러지 말고 솔직히 말하세요.

묻는 말에 솔직히 대답해라.

솔직히 고백하다

119

식혜 식해

 밥알을 동동 띄운 식혜

[시켸/시케]

 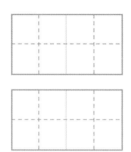 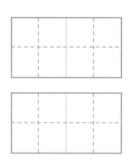

식혜에 밥풀과 잣을 띄워 내었다.   식혜를 펑펑 퍼서 입안에 넣는다.
식혜는 차가울 때 먹어야 제 맛이지.   어머니가 식혜를 담그고 계셔.
식혜와 떡은 대표적인 명절 음식이다.

 생선에 약간의 소금과 밥을 섞어 숙성시킨 식품.

[시캐]

 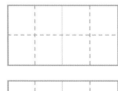 

가자미식해가 제일이지.   가자미식해
가자미식해는 함경도의 대표적 음식이다.
명태로 만든 식해.

썩이다 썩히다

'썩이다'와 '썩히다'는 사용하는 경우가 다릅니다.

 마음을 몹시 괴롭게 하다.

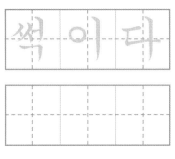 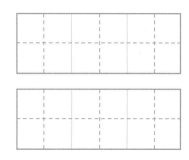

속을 폭폭 썩이다.
골치를 썩이다.
그는 부모 속을 썩이는 나쁜 아들이었다.

슬픔이나 걱정 따위로 속을 썩이다.
어떤 일로 오랫동안 마음을 썩이다.

썩히다 사람의 재능 따위가 쓰여야 할 곳에 제대로 쓰이지 못하다.

[써키다]

 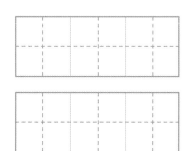

생선을 썩히다.
능력을 썩히다.
인재를 썩히다.

아까운 재능을 시골에서 썩히고 있다.
좋은 머리를 썩히다.

시각 시간

'시각' 과 '시간' 은 사용하는 경우가 조금씩 다릅니다.

시간의 어느 한 시점.

[시ː각]

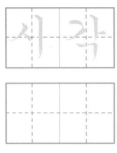
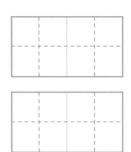
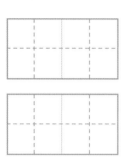

아하~

그렇게 부정적인 시각으로만 보지 마라.
지금 농촌 일손은 시각을 다투고 있습니다.

출발 시각이 박박 다가오다.
어린이의 순수한 마음을 시각화한 그림.
시각을 다투다

어떤 시각에서 어떤 시각까지의 사이.

[시ː간]

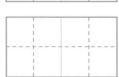

아하~

시간이 해결해 줄 문제.
바빠서 차 한 잔 마실 시간도 없다.
시간 좀 꼭꼭 지켜라.

※ '취침 시간/시각' , '마감 시간/시각'
과 같이 어느 한 시점을 가리킬 때는
시간과 시각을 모두 쓸 수 있습니다.

서두르다 서둘다

'서두르다/서둘다' 둘 다 맞습니다.

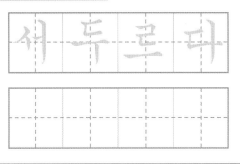 일을 빨리 해치우려고 급하게 바삐 움직이다.

아하~

귀성 차표의 예매를 서두르다.　　　　　결정을 서두르다.
결혼 준비를 서두르다　　　　　　　　서두르지 않으면 약속 시간에 늦겠다.
출발을 서두르다.

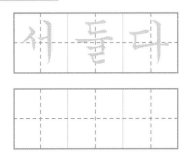 '서두르다' 의 준말.

아하~

갈 길이 바빠 몹시 서둘다　　　　　　서둘지 않으면 약속 시간에 늦겠다.
길 차비에 서둘다.　　　　　　　　　'서투르다' 의 준말인 '서툴다' 도 표준어
급하게 서둘다

123

써라 쓰라

'써라'와 '쓰라'는 사용하는 경우가 다릅니다.

 모자 따위를 머리에 얹어 덮다.

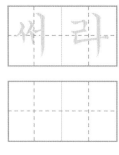 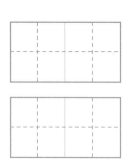 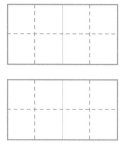

아하~

애야, 여기에다가 이름을 써라.　　　　　　남의 물건 기웃대지 말고 네 것이나 잘 써라.
물건 좀 곱게 써라.　　　　　　　　　　　두 줄을 띄고 써라
격식에 맞게 편지를 써라.

 구체적으로 정해지지 않은 의미.

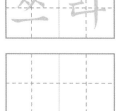  

아하~

맞는 답을 골라 쓰라.　　　　　　　　　이나 신경 쓰라나.
정답을 쓰라.　　　　　　　　　　　　　보기에 알맞은 답을 쓰라.
나보고 남의 일에 신경 쓰지 말고 자기 일　군기를 정숙히 하되 경어를 쓰라.

살지다 살찌다

'살지다'와 '살찌다'는 사용하는 경우가 다릅니다.

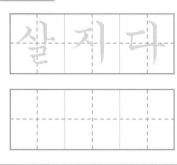 생명을 지니고 있다. (활용형: 살지다)

[살:다]

아하~

후회 없는 삶을 살다.　　　　　　살다 보면 그럴 수도 있지.

의미 있는 삶을 살다.　　　　　　살다 보니 별일을 다 보겠다.

일정한 지역에 모여 살다.

 몸에 살이 필요 이상으로 많아지다.

[살찌다]

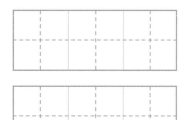

아하~

피둥피둥 살이 찌다.　　　　　　살이 딩딩 쪄서 움직이기도 힘들다.

살이 쪄서 옷이 작다.　　　　　　통통하게 살이 찌다.

살이 많이 쪄서 동작이 굼뜨다.　　살쪄서 옷이 작아졌어.

상연 상영

'상연'과 '상영'은 사용하는 경우가 다릅니다.

 무대에서 관객에게 보이는 일.

[상:연]

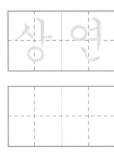 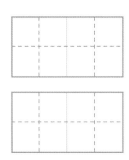 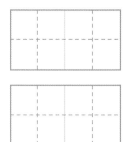

아하~

공연이 절찬리에 상연되었다.
희곡은 무대 상연을 전제로 하는 문학이다.
소극장에서 상연하기로 했다.

정신이 상연하다
뮤지컬 상연이 끝나자 관객들이 기립
박수를 쳤다.

 극장 따위에서 영화를 공개하는 일.

[상:영]

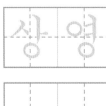  

아하~

절찬 상영 중.
공포 영화를 상영하다
만화 영화를 상영하다

이 영화는 상영 시간이 길다.
슬라이드 상영을 위해 차광막을 쳤다.

실업자 실업가

'실업자'와 '실업가'는 사용하는 경우가 다릅니다.

실업자 직업이 없는 사람.

[시럽짜]

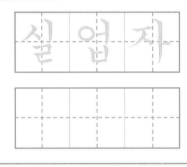

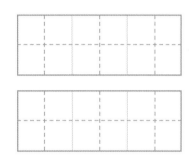

아하~

올 들어 실업자가 크게 늘었다고 한다.
실업자 양산.
재산만 까먹는 실업자

실업자들의 재취업을 알선해 주다.
계속 취업에 실패해서 실업자 신세이다.
경기 악화로 실업자 증가

실업가 사업을 경영하는 사람.

[시럽까]

아하~

한국 굴지의 실업가.
성공한 실업가가 되었다.
그는 큰 공장을 경영하는 실업가였다.

그는 고향에서 큰 공장을 경영하는 실업
가이다.

싸이다 쌓이다

'싸이다' 와 '쌓이다' 는 사용하는 경우가 다릅니다.

 싸이다 주위가 가려지거나 막히다. '싸다' 의 피동사.

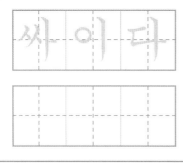 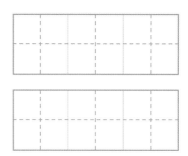

아하~

아이에게 오줌을 싸이다.　　　　슬픔에 싸이다.
보자기에 싸인 도시락.　　　　　축제 분위기에 싸이다.
안개에 싸인 마을.

쌓이다 무엇인가 겹겹이 얹혀 놓여 있다. '쌓다' 의 피동사.

[싸이다]

아하~

불만이 쌓이다.　　　　　　　그와 나 사이에 신뢰가 점점 쌓여 갔다.
먼지가 쌓인 책상.　　　　　　강둑에 토사가 쌓이다.
눈이 쌓이다.

어떻게 다를까요?

안 않

"무엇을 안 했습니다." 또는 "무엇을 하지 않았습니다."와 같이 씁니다.

 일정한 표준이나 한계를 넘지 않은 정도.

[안]

 아하~

안 벌고 안 쓰다.　　　　　　　　　　　안 먹고는 살 수가 없다.

비가 안 온다.　　　　　　　　　　　　　마치 석고상 모양으로 앉아서 꼼짝을 안

이제 다시는 그 사람을 안 만나겠다.　　했다.

 'ㅎ' 이 탈락하여 '안' 이다. '-지 않다'

[안]

 아하~

가지 않다　　　책을 보지 않다　　　　　예쁘지 않다

그는 이유도 묻지 않고 돈을 빌려 주었다.　옳지 않다

아이가 밥을 먹지 않아서 걱정이다.　　　일이 생각만큼 쉽지 않다.

129

어떻게 다를까요?

알은척 알은체

'알은척'과 '알은체' 둘다 맞습니다.

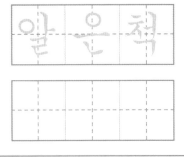 어떤 일에 관심을 보임.

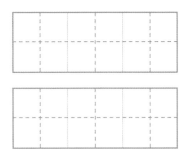

아하~

척 보면 안다.
낯선 사람이 알은척을 한다.
그 정도야 뭐 척 보면 알 수 있지.

다음에 만나 봐라, 알은척이나 하나.
후배가 알은척을 하더라.
남의 일에 알은척을 하더라.

 어떤 일에 관심을 보임.

[아른체]

아하~

서로 알은체도 안 하다
친구가 알은체를 하며 씽끗 웃는다.
아는 체하다

남의 일에 알은체를 하더라.
남의 일에 알은체를 하다.

어떻게 다를까요?

안치다 앉히다

 어려운 일이 앞에 밀리다.

[안:치다]

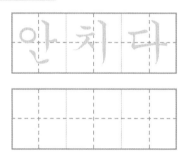

아하~

시루에 떡을 안치다
술밥을 시루에 안치다
쌀을 씻어 안치다

밥솥에 밥을 안치다
솥에 저녁에 먹을 쌀을 안쳤어.

 다른 물건이나 바닥에 몸을 올려놓게 하다.

[안치다]

 아하~

남녀를 따로 갈라 앉히다
아이를 의자에 앉히다.
아이를 바로 앉히다

잠자리를 손가락 끝에 앉히다
아이를 무릎에 앉혔다.
사장은 자기 아들을 부장 자리에 앉혔다.

어떻게 다를까요?

이쁘다 예쁘다

이쁘다. 예쁘다. 둘 다 맞습니다.

 아름다워 눈으로 보기에 좋다.

[이쁘다]

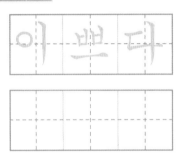

아하~

너는 웃는 것이 예쁘다.　　　　　우리 아기는 참 예쁘다.

아기가 눈도 코도 다 예쁘다.　　　그녀는 코가 오뚝하고 예쁘다

방끗방끗 웃는 아기가 아주 예쁘다.

 아름다워 눈으로 보기에 좋다.

[예:쁘다]

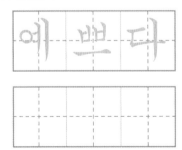

아하~

마음씀씀이가 이쁘다.　　　　　이쁘장 하다.

신발이 이쁘다.

이쁘장 스럽다.

132

어떻게 다를까요?

잊다 🦁 잃다

한번 알았던 것을 기억하지 못하다.

[읻따]

아하~

중요한 약속을 잊다.　　　　　나이를 잊다
본분을 잊다　　　　　　　　　은혜를 잊다
시름을 잊다　　　　　　　　　만사를 잠시 잊다.

가졌던 물건이 없어져 그것을 갖지 아니하게 되다.

[일타]

아하~

입맛을 잃다.　　　　　　　　깊은 산중에서 길을 잃다.
물건을 잃다　　　　　　　　수려한 미모에 넋을 잃다
청력을 잃다.　　　　　　　　나무숲 속에서 길을 잃다

133

우연히 우연찮게

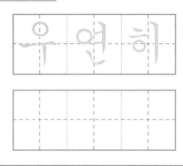

뜻하지 아니하게 저절로 이루어져 [우연이](X)

[우연히]

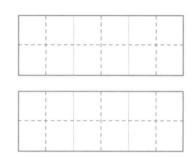

아하~

우연히 알게 된 사람
우연히 길거리서 친구를 만났다.
그녀의 소식을 친구를 통해서 우연히 들

게 되었다.
지나가던 사람이 그 사고를 우연히 목격
하였다.

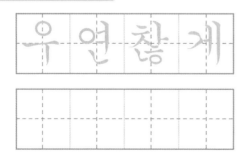

꼭 우연한 것은 아니나 뜻하지도 아니하다. (활용형: 우연찮게)

[우연찬타]

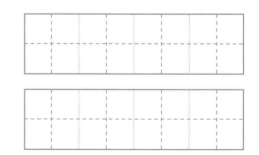

아하~

우연찮게 생긴 돈
그토록 찾던 그 친구를 오늘 우연찮게 길
에서 만났다.

오늘 우연찮게 길에서 만났다.
방송국에 갔다가 우연찮게 연예인이 되
었다.

어떻게 다를까요?

않다 안다

 어떤 행동을 안 하다.

[안타]

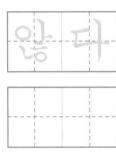

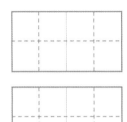

아하~

공부는 않고 무얼 하느냐?
밥이 질지도 않고 되지도 않다.
과식은 건강에 좋지 않다.

그는 말을 않고 떠났다.
꼬마는 세수를 않고 밥을 먹으려고 해 엄
마에게 혼이 났다.

 품 안에 있게 하다.

[안:따]

아하~

아기를 품에 안다
배를 안고 웃다.
두 무릎을 세워 안고 앉았다.

바람을 안고 걷다.
부담감을 안고 일을 하다
닭이 알을 안고 있다.

어떻게 다를까요?

일체 일절

 모든 것을 다.

[일체]

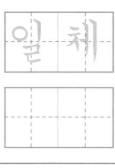 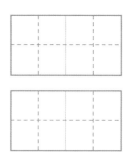 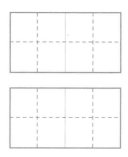

 아하~

장비 일체를 갖추다
규제를 일체 풀다
일체로 술을 끊다

모든 비용은 일체 회사가 부담합니다.
일체의 조미료를 사용하지 않습니다.

 어떤 일을 하지 않을 때에 쓰는 말.

[일쩔]

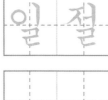  

 아하~

출입을 일절 금하다.
일절 간섭하지 마시오.
연락을 일절 끊었다

조미료를 일절 사용하지 않습니다.
그는 고향을 떠난 후로 연락을 일절 끊었다.

어떻게 다를까요?

임신부 임산부

 아이를 밴 여자.

[임:신부]

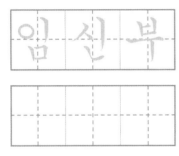

아하~

만삭의 임신부
임신부에 대한 배려.
임신부는 병원에 가서 정기적으로 검진을

받는 게 좋다.
배부른 임신부처럼 배가 나온 남자.
임신부들을 위한 태아 검진 휴가.

임산부 임부와 산부를 아울러 이르는 말.

[임:산부]

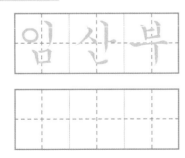

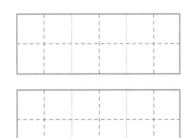

아하~

배부른 임산부.
보름달처럼 도두 부른 임산부의 배
임산부는 약물 복용에 각별히 주의해야 한

다.
임산부로 북적이는 산부인과.
임산부 식단표

137

어떻게 다를까요?

여쭈다 여쭙다

'여쭈다'와 '여쭙다' 둘 다 맞습니다.

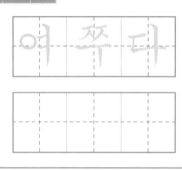 웃어른에게 말씀을 올리다.

[여ː쭈다]

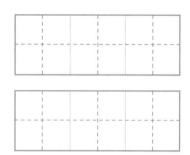

아하~

선생님께 인사를 여쭙니다./여쭙습니다. 존함을 여쭈다.
사돈어른께 인사를 여쭈다. 옆에서 말을 거들어 여쭈다.
아버지께 여쭈다

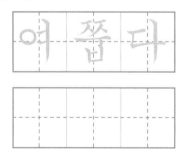 웃어른에게 말씀을 올리다.

[여ː쭙따]

아하~

부모님께 아침 문안을 여쭙다. 공순히 여쭙다.
손님에게 내의를 여쭙다 바른말을 여쭙다.
웃어른께 인사를 여쭙다

138

어떻게 다를까요?

이음매 이음새

'이음매' 와 '이음새' 는 사용하는 경우가 다릅니다.

이음매 두 물체를 이은 자리.

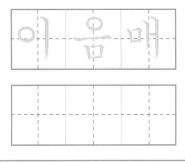
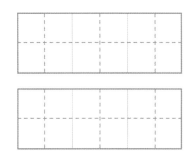

 아하~

이음매 보수 작업을 벌이다.　　　　수도관의 이음매 사이로 물이 샌다.

이음매에서 물이 새다

이음매가 풀리다

이음새 빈틈없는 이음새

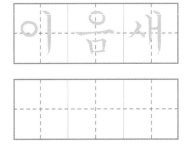

 아하~

이음새가 트다　　　　　　　　이음새를 고치다

수도관의 이음새에 납땜을 하였다.

가지런한 이음새.

139

어떻게 다를까요?

잎새 잎사귀

'잎새'와 '잎사귀'는 둘 다 표준어

 나무의 잎사귀

[잎새]

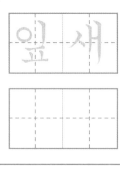 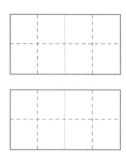 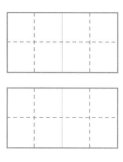

아하~

잎새에 부는 바람
이 나무는 잎새가 독특하다.
잎새마다 빗방울이 하나씩 달려 있다.

이제 마지막 잎새마저 떨어져 버렸구나.
버드나무 잎새 사이로 달빛이 가늘게 새
어들었다.

잎사귀 주로 넓적한 잎을 이른다.

[입싸귀]

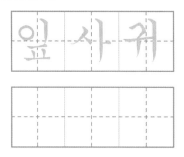 

아하~

감나무 잎사귀
넓은 플라타너스 잎사귀.
잎사귀에 윤기가 흐르다.

꽃잎처럼 야들한 잎사귀들
푸른 잎사귀
잎사귀에 붙은 애벌레.

아니오 아니요

 어떤 사실을 부정하는 뜻을 나타내는 말. (활용형: 아니오)

[아니오]

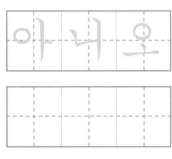

 아하~

나는 그의 보호자가 아니오.

피차일반이 아니오?

그것은 그쪽에서 걱정할 일이 아니오.

이보시오, 사람의 도리가 그러는 게 아니오.

조직을 지켜야 할 것 아니오.

 윗사람이 묻는 말에 부정하여 대답할 때 쓰는 말.

[아니요]

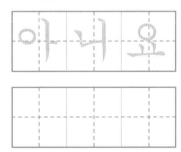

 아하~

"절 아시나요?" "아니요, 모릅니다."

"너 방 청소는 다 했니?"

"아니요, 아직 못했어요."

심부름 갔다 왔니?

아니요(아뇨), 아직 못 갔다 왔습니다.

우리는 친구가 아니요, 형제랍니다.

어떻게 다를까요?

아득한 아뜩한

'아득한' 과 '아뜩한' 은 사용하는 경우가 다릅니다.

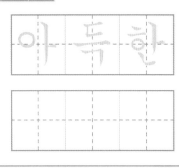 까마득히 오래되다. (활용형: 아득하다)

[아득한]

아하~

아득한 옛날.
아득한 수평선.
천길만길의 아득한 절벽.

아득하게 들리는 엄마의 자장가.
아득한 옛 추억이 떠오른다.

 갑자기 어지러워 정신을 잃고 까무러칠 듯하다. (활용형: 아뜩한)

[아뜩한]

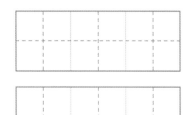

아하~

하늘땅이 샛노래지면서 정신이 아뜩했다.
눈앞이 아뜩하고 가슴이 쿵쾅거렸다.
현기증 같은 것이 눈앞에 아뜩하게 밀어닥

쳤다.
* 너무 아파서 정신이 아득했다/아뜩했다.

어떻게 다를까요?

알갱이 알맹이

'알갱이' 와 '알맹이' 는 사용하는 경우가 다릅니다.

 열매나 곡식 따위의 낱알.

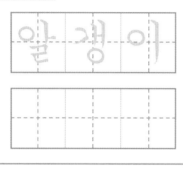 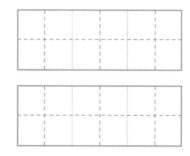

 아하~

밥알 한 알갱이도 남기지 말고 먹어라.　　옥수수 알갱이.
모래 알갱이.　　　　　　　　　　　　옥수수 알갱이를 하나씩 떼어 먹었다.
보리 알갱이.

 물건의 껍데기나 껍질을 벗기고 남은 속 부분.

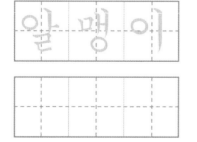 

 아하~

껍질은 버리고 알맹이만 홀랑 먹었다.　　껍데기에서 굴 알맹이를 빼 먹었다.
호두 알맹이.
알맹이는 남고 껍데기는 가라.

어떻게 다를까요?

윗옷 웃옷

'윗옷' 과 '웃옷' 은 사용하는 경우가 다릅니다.

 위에 입는 옷.

[위돋]

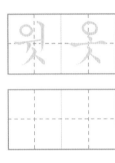 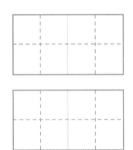 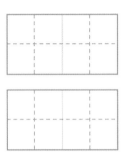

아하~

윗옷과 바지가 잘 어울린다.　　　　　윗옷으로 줄무늬 셔츠를 입었다.

어깨에 윗옷을 걸치다.

윗옷을 홀떡 벗고 목물을 하다.

 맨 겉에 입는 옷.

[우돋]

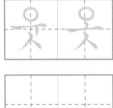  

아하~

날씨가 추워서 웃옷을 걸쳐 입었다.　　　　웃옷을 헤치고 가슴을 내벌리다.

그는 웃옷으로 코트 하나만 걸치고 나갔다.

그는 웃옷을 벗어 옷걸이에 걸었다.

어떻게 다를까요?

옥에 티 옥의 티

'옥에 티' 와 '옥의 티' 는 사용하는 경우가 다릅니다.

 훌륭하거나 좋은 것에 있는 사소한 흠

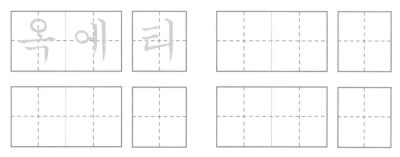

 아하~

옥에도 티가 있다.
옥에 티를 발견할 항공 영화.

좋은 제품인데 무겁다는 점이 옥에 티였
다.

 실제 보석인 옥에 난 흠집

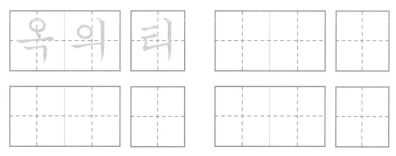

 아하~

새로 구입한 보석 옥의 티가 눈에 거슬린다.

145

어떻게 다를까요?

알고리듬 알고리즘

알고리듬/알고리즘 둘 다 맞습니다.

알 고 리 듬 어떤 문제의 해결을 위하여.

algorithm

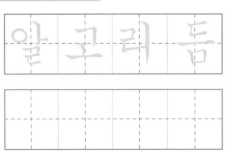

아하~

그녀는 그 알고리즘을 바탕으로 하여 새로운 체계를 구현시켰다.

알 고 리 즘 어떤 문제의 해결을 위하여 그래프에서 모든 정점 간의 최단 거리를 구하는 알고리듬.

algorism

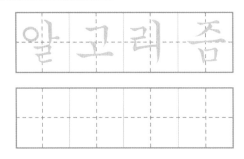

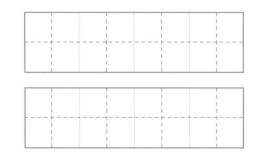

아하~

알고리듬 언어
* 컴퓨터 프로그램을 만들기 위해 알고리듬/알고리즘을 구성하고 있다.

어떻게 다를까요?

여쭈다 여쭙다

'여쭈다' 와 '여쭙다' 둘 다 맞습니다.

 웃어른에게 말씀을 올리다.

[여:쭈다]

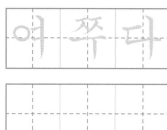

아하~

사돈어른께 인사를 여쭈다.　　　　선생님께 인사를 여쭙니다./여쭙습니다.
존함을 여쭈다.
옆에서 말을 거들어 여쭈다.

 웃어른에게 말씀을 올리다.

[여:쭙따]

아하~

부모님께 아침 문안을 여쭙다.　　　　바른말을 여쭙다.
웃어른께 인사를 여쭙다.　　　　손님에게 내의를 여쭙다.
공순히 여쭙다.

어떻게 다를까요?

외골수 외곬

'외골수'와 '외곬'은 사용하는 경우가 다릅니다.

외골수 한 곳으로만 파고드는 사람.

[웨골쑤/
외골쑤]

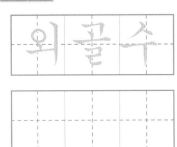

아하~

외골수 학자.
그랬는지 외골수로 자라났다.
무뚝뚝하고 외골수인 사람

그는 자신의 주장만을 고수하는 외골수
이다.

외곬 단 한 곳으로만 트인 길.

[외골/웨골]

아하~

외곬으로 생각하다.   한다.
외곬으로만 흐르는 성격.
그는 고지식해서 종종 너무 외곬으로 생각

어떻게 다를까요?

이르다 빠르다

 어떤 장소나 시간에 닿다.

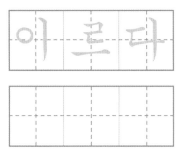 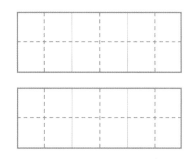

약속 장소에 이르다.
아이들에게 주의하라고 이르다.
아직 포기하기엔 이르다.

꽃이 피기에는 아직 철이 이르다.
목적지에 이르다.

빠르다 어떤 동작을 하는 데 걸리는 시간이 짧다.

[빠르다]

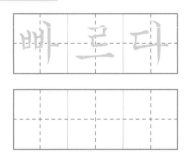 

기동 속도가 아주 빠르다.
계곡의 물살이 너무 빠르다.
손놀림이 빠르다.

두뇌 회전이 빠르다.
발걸음이 빠르다.

149

우연하다 우연찮다

우연하다' 와 '우연찮다' 는 의미가 비슷하지만 사용하는 경우가 다릅니다.

우 연 하 다

어떤 일이 뜻하지 아니하게 저절로 이루어져 공교롭다.

[우연하다]

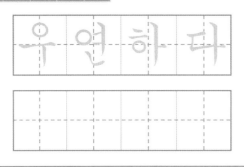

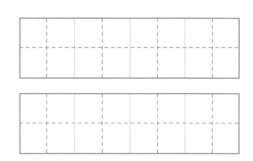

아하~

그 사실을 우연하게 알게 되었다.   우연하게 만나다.

그것은 결코 우연한 일이 아니었다.   우연한 기회.

우연한 기회를 갖다.

우 연 찮 다

우연한 것은 아니나 뜻하지도 아니하다.

[우연찬타]

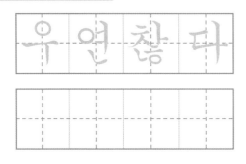

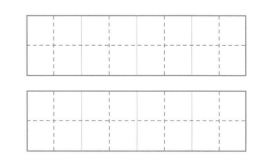

아하~

그토록 찾던 그 친구를 오늘 우연찮게 길
에서 만났다.

그는 이번 사건에 우연찮게 연루되었다.

어떻게 다를까요?

여태 입때

'여태'와 '입때' 둘 다 맞습니다.

 지금까지

[여태]

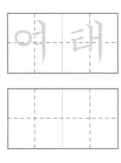

아하~

여태 그것밖에 못 했니?

여태 무엇을 하고 이제 오느냐?

너희들 여태 아무것도 못 먹었겠네?

* 여태/입때 안 오고 뭐하는 거야?

* 여태/입때까지 자고 있으면 어떻게 해!

 지금까지.

아하~

난 입때 독감을 앓았어요.

그녀는 초저녁에 와서 입때 너를 기다렸
다.

151

어떻게 다를까요?

외손잡이 한손잡이

'외손잡이'와 '한손잡이' 둘 다 맞습니다.

외 손 잡 이

두 손 가운데 어느 한쪽 손만 능하게 쓰는 사람.

[웨손자비/
외손자비]

 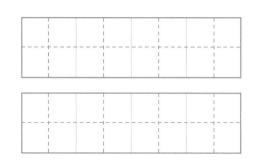

아하~

* 아이가 외손잡이인가/한손잡이인가 봐   이었어.
  요?
* 난 어렸을 때부터 외손잡이였어./한손잡

한 손 잡 이

두 손 가운데 어느 한쪽 손만 능하게 쓰는 사람.

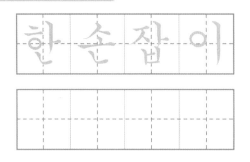 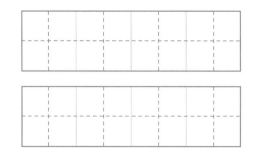

아하~

저 사람은 왼쪽 손만 쓰는 한손잡이야.

어떻게 다를까요?

엉기다 엉키다

'엉기다'와 '엉키다'는 사용이 유사한 경우도 있지만 다르게 사용하는 경우도 있습니다. '

 한 무리를 이루거나 달라붙다

[엉기다]

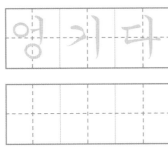

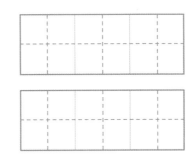

착 들러붙어 엉기다.
* 아이들이 서로 엉겨서/엉켜서 싸우고 있다.

* 피가 엉기며/엉키며 출혈이 멈췄다.

 풀기 힘들 정도로 서로 한데 얽히게 되다.

[엉키다]

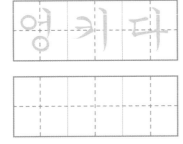

사랑이 미움과 한꺼번에 엉키다.
머리카락이 엉키다.
실이 엉키다.

153

어떻게 다를까요?

여의다 여위다

'여의다' 와 '여위다' 는 사용하는 경우가 다릅니다.

여 의 다

부모나 사랑하는 사람이 죽어서 이별하다.

[여이다/
여의다]

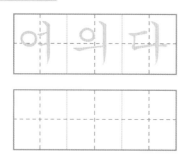

아하~

일체의 번뇌를 여의다.

어려서 부모를 여의다.

얼마 전에 부친을 여의었다.

여 위 다

몸의 살이 빠지다.

[여위다]

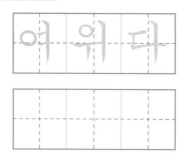
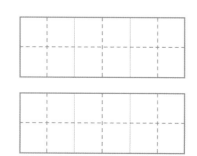

아하~

몸이 아주 여위다.

살이 빠져서 몹시 여위다.

동생이 생긴 뒤에 아이가 몸이 여위다.

부모의 죽음을 슬퍼하여 몸이 몹시 여위다.

어떻게 다를까요?

지루하다 지겹다

 시간이 오래 걸리거나 싫증이 나다.

[지루하다]

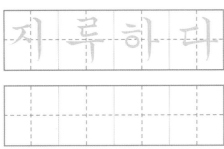

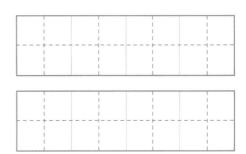

아하~

수업 시간이 지루하다
일이 지루하다
영화가 지루하다

기다리는 게 지루하네.
행사가 너무 느리게 진행되어서 지루하다.

지겹다 넌더리가 날 정도로 지루하고 싫다.

[지겹따]

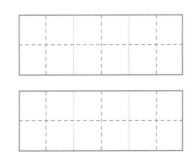

 아하~

너무 놀았더니 이제 노는 것이 지겹다.
생각만 해도 지겹다.
이제 너를 만나는 것도 지겹다.

꾸역꾸역 밥을 먹는 일도 이제는 지겹다.

155

어떻게 다를까요?

전세방 전셋집

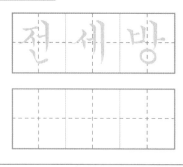

전세를 받고 빌려주는 방.

[전세빵]

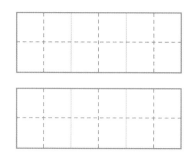

 아하~

전세방을 구했다.
산동네의 전세방
지하 전세방에서 살림을 시작하다.

조그만 전세방을 얻어 사랑의 보금자리
를 꾸몄다.

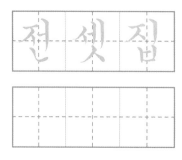

전세로 빌려 쓰는 집.

[전섿찝/
전세찝]

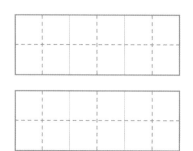

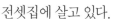 아하~

전셋집에 살고 있다.
우리는 부동산에서 전셋집을 계약했다.
깡통 아파트를 넘어 깡통 전셋집까지 나타

났다.
작은 전셋집을 하나 얻었다.

어떻게 다를까요?

적다 작다

 일정한 기준에 미치지 못하다.

[적:따]

이력서에 실력을 자세히 적다
복권은 당첨될 확률이 아주 적다.
답안지에 답을 적다

그 산을 오른 사람은 매우 적다.
관심이 적다.

 보통보다 덜하다.

[작:따]

살이 쪄서 옷이 작다
발이 커서 신이 작다.
우리 집은 앞집보다 작다.

입던 옷이 이제는 너무 작다
라디오 소리가 작다.

어떻게 다를까요?

주검 죽음

[주검]

죽은 사람의 몸을 이르는 말.

써늘하게 식어 버린 주검   싸늘한 주검으로 발견되다.
그는 집 근처의 강가에서 한 주검을 발견
했다.

[죽음]

생물의 생명이 없어지는 현상을 이른다.

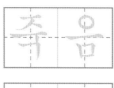  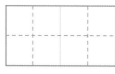

자유가 아니면 죽음을 달라!   그의 갑작스러운 죽음은 우리 모두에게
자연에서 삶과 죽음은 순환된다.   충격이었다.
그는 할머니의 죽음이 한없이 슬펐다.

어떻게 다를까요?

짖다 짓다

 개가 목청으로 소리를 내다.

[짇따]

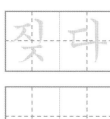 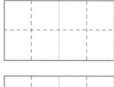 

  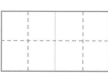

아하~

개가 컹컹 짖다.   작은 개가 자꾸 짖다.
까치가 깍깍 짖다.
짖는 개는 물지 않는다.

 밥, 옷, 집 따위를 만들다.

[짇ː따]

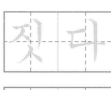  

아하~

아침을 짓다   시조 한 수를 짓다.
무리를 짓다   일을 깨끗하게 마무리 짓다
시 한 수를 짓다.

주리다 줄이다

'주리다'와 '줄이다'는 사용하는 경우가 다릅니다.

 제대로 먹지 못하여 배를 곯다.

[주ː리다]

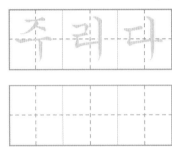

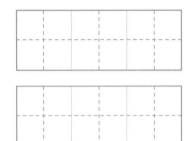

아하~

주린 배를 부여잡고.
잠시 기다리면 내가 곧 처리해 주리다.
배를 주리다

외로움에 주리다
엄마의 사랑에 주린 아이들이 안타까웠
다.

줄이다 부피 따위를 본디보다 작게 하다.

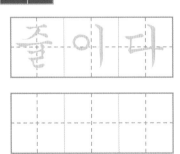

아하~

근무 시간을 줄이다
소리를 줄이다
비용을 최소한으로 줄이다

음식량을 줄이다.
이번 달에는 외식비를 줄여 보자.

어떻게 다를까요?

지향하다 지양하다

'지향하다' 와 '지양하다' 는 사용하는 경우가 다릅니다.

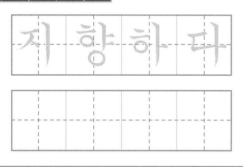 어떤 목표로 뜻이 쏠리어 향하다.

[지향하다]

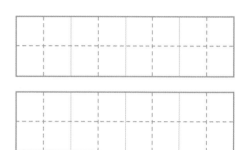

복지 국가를 지향하다
평화를 지향하다
안정을 지향하다.

이상을 지향하다.
교육은 무엇을 지향해야 하는가.
우리는 평화를 지향합니다.

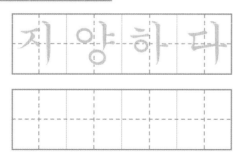 더 높은 단계로 오르기 위하여 어떠한 것을 하지 아니하다.

[지양하다]

남북 사이의 이질화를 지양하다.
상업주의를 지양하다
폭력을 지양해야.

차별을 지양하고 평등을 추구하겠습니다.
앞뒤 가리지 않는 집단성은 지양해야 한다.

161

어떻게 다를까요?

차례 다례

 순서 있게 구분하여 벌여 나가는 관계.

[차례]

  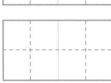

 소나기가 몇 차례 쏟아졌다.
가만히 앉아서 차례를 기다리세요.
내가 나설 차례는 좀처럼 오지 않았다.

두 차례의 면담 끝에 결론이 났다.
그는 같은 말을 여러 차례 반복했다.

 차를 대접하는 의식.

[다례]

  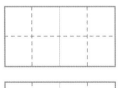

아하~
이번에는 어른이 안 계시니 다례를 안 지낼 것이다.
매년 다례 제를 올리고 있다.

선생을 기리는 다례제가 펼쳐져 눈길을 끌었다.

162

어떻게 다를까요?

─째 채

 이미 있는 상태 그대로 있다는 뜻

[─째]

고개를 숙인 채.
잔뜩 겁을 먹은 채.
노루를 산 채로 잡았다.

옷을 입은 채로 물에 들어간다.
어머니가 무로 채를 썰었다.
가스 밸브를 열어 놓은 채로 나왔다.

 '그대로', 또는 '전부'의 뜻.

[채]

  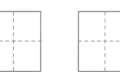

껍질채와 껍질째 둘 중 어느 것이 맞나요?
'껍질째' 송두리채와 송두리째 둘 중 어느
것이 맞나요? 송두리째뿌리채와 뿌리째 둘

중 어느 것이 맞나요? 뿌리째' 다섯개채
와 다섯개째 둘 중 어느 것이 맞나요?
'다섯 개째'

163

무엇이 맞을까요?

짜장면 자장면

'자장면' 과 '짜장면' 둘다 맞습니다.

짜 장 면 ── 옷 주름이나 구김을 펴고 줄을 세우다.

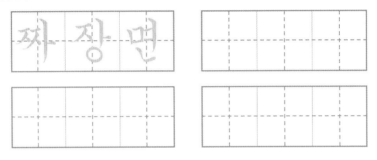

아하~

오늘은 점심에 짜장면 먹자.

그는 항상 짜장면 곱빼기를 먹었다.

자 장 면 ── 액체 따위를 끓여서 진하게 만들다.

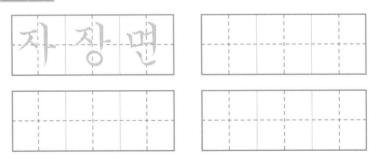

아하~

자장면 한 그릇

자장면 곱빼기.

어떻게 다를까요?

주기 주년

'주기'와 '주년'은 사용하는 경우가 다릅니다.

 술집임을 나타내기 위하여 내거는 깃발.

 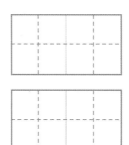 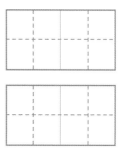

얼굴의 주기가 사라지다.   참사 1주기를 기리는 추모 행사가 열렸
일 년을 주기로 반복되다.   다.
친구에게 연극을 뵈어 주기로 약속했다.

 일 년을 단위로 돌아오는 돌을 세는 단위.

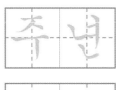 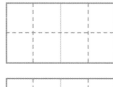 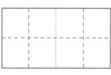

 건립 백 주년.   로 정하던 법
결혼 10주년.
조선 시대에, 지방 수령의 임기를 주년으

무엇이 맞을까요?

좋으냐 좋냐

'좋으냐/좋냐' 둘 다 맞습니다.

 성품이나 인격 따위가 원만하거나 선하다. (활용형: 좋으냐)

[조:타]

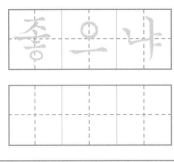

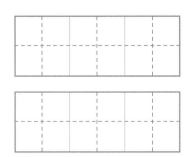

아하~

이리 바쁘니 어떻게 하면 좋으냐?　　　　네가 좋다면 나도 역시 좋다.
둘이 그렇게 사이좋게 지내니 좀 좋으냐?　　* 취업을 하니 좋으냐?/좋냐?
너는 내가 어디가 그리도 좋으냐?

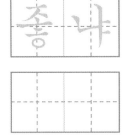 성품이나 인격 따위가 원만하거나 선하다. (활용형: 좋냐)

[조:타]

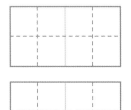

 아하~

쌀이 좋아서 밥맛이 좋다.　　　　그게 좋건 네가 가져라.
좋은 시절도 다 갔다.
물건이 너무 좋아 샀다.

166

어떻게 다를까요?

자문 고문

'자문' 과 '고문' 은 사용하는 경우가 다릅니다.

 전문가들로 이루어진 기구에 의견을 물음.

[자:문]

 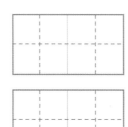 

아하~

대통령 직속 자문 기관.　　　　　연구가에게 자문하다.
자문에 대한 답신을 잊지 마세요.　자문을 구하다
자문 위원회 구성.

 의견을 물음.

[고문]

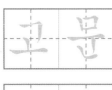  

아하~

그는 투옥 중에 고문을 심하게 당했다.　　혹독한 고문을 당하다.
고문에 응해 주서서 감사합니다.　　　　고문 변호사.
고문에 시달리다.

167

어떻게 다를까요?

좇다 쫓다

'좇다' 와 '쫓다' 는 사용하는 경우가 다릅니다.

 행복 따위를 추구하다.

[졷따]

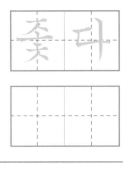

아버지의 유언을 좇다.　　　　　순리를 좇다.
황금을 좇다.　　　　　　　　　　명예를 좇는 사람.
스승의 학설을 좇다.　　　　　　아버지의 유언을 좇아 의사가 되었다.

어떤 대상을 잡거나 만나기 위하여 뒤를 급히 따르다.

[쫃따]

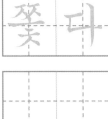

장대를 휘둘러 새들을 쫓다.　　　쫓고 쫓기는 숨 막히는 추격전
쓸데없는 사념을 쫓다.　　　　　모깃불을 피워 모기를 쫓았다.
악귀를 쫓다.

168

자기 개발 자기 계발

 기술이나 능력을 발전시키는 일.

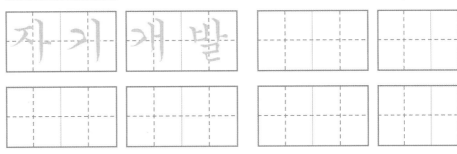

아하~

자기 개발을 게을리 하지 말아야 한다.
퇴근 이후의 시간을 자기 개발이나 취미
생활에 할애하고 있다.

부단한 자기 개발이 없이는 경쟁 사회
에서 낙오를 면하기 어렵다.

 잠재하는 자기의 슬기나 재능

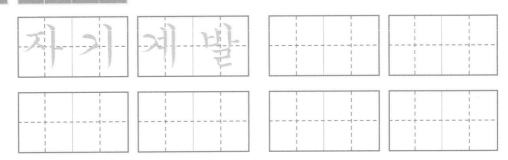

아하~

언제나 자기 계발을 위해 노력한다.
자기 능력의 계발과 도전 의식이 있어야
한다.

여가를 자기 계발에 잘 활용하는 사람만
이 성공할 수 있다.

어떻게 다를까요?

전통 정통

 옛날부터 전해 내려오는 양식

[전통]

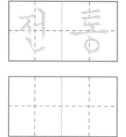
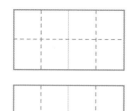

한국의 전통 의상을 입어 보았다. 사라져 가는 전통을 정립하다.
오랜 전통의 맥을 잇다.
좋은 전통을 영속해 나가다.

 바른 계통.

[정ː통]

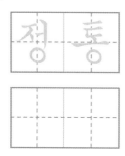

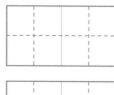

중국의 정통 요리를 맛보다. 그는 컴퓨터에 정통한 사람이다.
여러 교파 간에 정통성 시비가 벌어졌다. 그는 음악계 소식에 정통하다.
총알이 표적에 정통으로 맞았다.

어떻게 다를까요?

조리다 졸이다

'조리다'와 '졸이다'는 사용하는 경우가 다릅니다.

 국물에 넣고 바짝 끓여서 양념이 배어들게 하다.

[조리다]

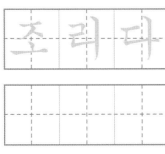

아하~

생선을 조리다.
어묵을 조리다.
간간히 조리다.

국물이 있게 약간 조리다.
돼지고기를 간장에 조려서 조림을 만들었다.

 한약 따위의 물을 증발시켜 분량을 적어지게 하다.

[졸이다]

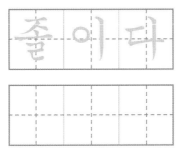

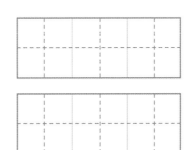

 아하~

그는 가슴을 졸이다 못해 고함을 버럭 질렀다.
마음을 졸이다.

가슴을 졸이다.
찌개를 졸이다.
발표 때문에 가슴을 졸였다.

171

어떻게 다를까요?

지그시 지긋이

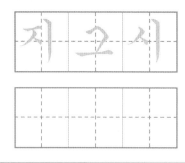 슬며시 힘을 주는 모양.

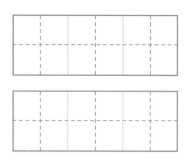

 아하~

입술을 지그시 깨물다.
눈을 지그시 감다.
아픔을 지그시 참다.

밀려오는 회한에 입술을 지그시 감쳐물었다.
눈을 지그시 감고 생각에 잠겼다.

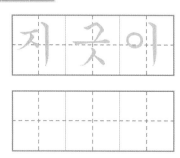 나이가 비교적 많아 듬직하게.

[지그시]

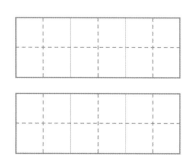

 아하~

그는 나이가 지긋이 들어 보인다.
그는 눈을 지긋이 감았다.
중요한 문제라면 지긋이 앉아서 풀어야지.

금동 불상이 이쪽을 지긋이 내려다보는 듯하였다.

어떻게 다를까요?

제고 재고

'제고'와 '재고'는 사용하는 경우가 다릅니다.

[제:고]

쳐들어 높임.

이번 일로 군대의 사기가 제고되었다.   전문성 제고
생산성의 제고.   인식 제고
협상력 제고.

[재:고]

다시 되돌아봄.

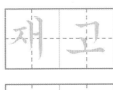  

 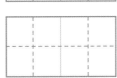 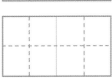

재고 때문에 감산이 불가피하다.   그 계획은 재고할 여지가 있다.
그는 남은 재고를 헐값에 넘겨주었다.   아버지는 볏단을 논에 재고 있었다.
재고품이 적중되어 가고 있다.

173

무엇이 맞을까요?

차지다 찰지다

'차지다' 와 '찰지다' 둘 다 표준어 맞습니다.

떡 따위가 끈기가 많다.

[차지다]

차	지	다			

아하~

쫀득하고 차진/찰진 떡.
꽈배기가 차지다/찰지다.
인절미가 퍽 차지다

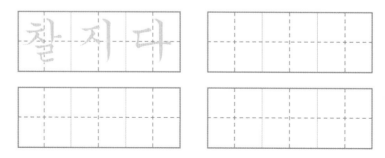

차지다의 원말.

찰	지	다			

아하~

반죽이 찰지다.
흙이 찰지다.

착잡하다 참참하다

'착잡하다'와 '참참하다'는 사용하는 경우가 다릅니다.

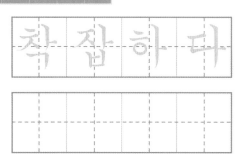 갈피를 잡을 수 없이 뒤섞여 어수선하다.

[착짜파다]

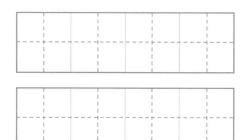

기분이 착잡하다.
마음이 착잡했다.
딸을 시집보내려니 마음이 착잡하다.

착잡한 마음으로 긴 숨을 내뿜고만 있었다.
군 입대를 앞두고 착잡한 마음으로 휴학
계를 제출했다.

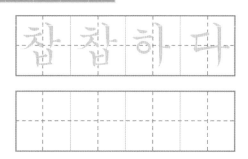 마음이 들뜨지 아니하고 차분하다.

[참차파다]

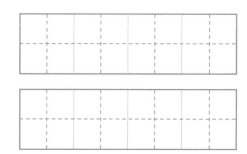

기분이 참참하다.
김을 참참하게 재어 놓았어.

참참하던 기분이 백지로 돌아가는 것 같
아.

175

무엇이 맞을까요?

추커세우다 치켜세우다

'추커세우다' 와 '치켜세우다' 둘 다 맞습니다.

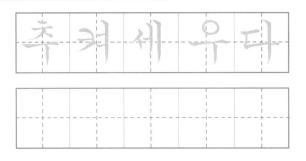 어떤 것을 위로 치올려서 세우다

추 켜 세 우 다

아하~

눈썹을 추켜세우다.
누워 있던 몸을 추켜세워/치켜세워 바로 앉았다.

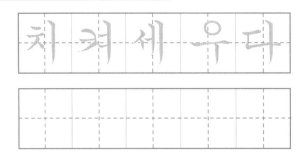 누군가를 정도 이상으로 칭찬하다

[치켜세우다]

치 켜 세 우 다

아하~

그럴듯한 말로 남을 치켜세우다.
지나치게 치켜세우다.

책이오 책요

'책이오' 와 '책요' 는 사용하는 경우가 다릅니다.

책 이 오 '책' 에 '이오' 가 결합한 말

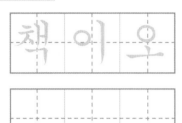

아하~

이것은 책이오.
저것은 무엇이오?
삶이란 행복한 것이오.

책 요 '책' 에 '요' 가 붙은 말

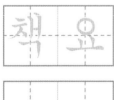

아하~

"뭐가 필요해요? - 휴지요. 그리고 젓가락   책이요,
도요.   일찍이 전해져 오던 책.
  ㅇㅇ은 죽어라고 틀어잡고 내놓지 않던

무엇이 맞을까요?

택견 태껸

'택견 , '태껸' 둘 다 표준어 맞습니다.

 우리나라 고유의 전통 무예 가운데 하나.

[택견]

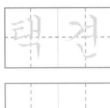  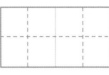

아하~

 한국 고유 무술인 태권도와 택견.
음양의 조화를 이룬 택견 체조
택견은 수비 위주적인 동작.

 우리나라 고유의 전통 무예 가운데 하나.

[태껸]

 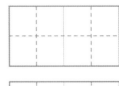 

아하~

 태껸은 한국의 전통 무예이다.   조선 시대에 무인은 필수적으로 태껸이
태껸 선수들의 동작을 보면 마치 춤을 추   나 권법을 익혔다.
는 것 같다.

어떻게 다를까요?

푸르다 푸르르다

'푸르다'와 '푸르르다'는 둘 다 표준어

풀의 빛깔과 같이 밝고 선명하다.

[푸르다]

아하~

하늘이 높고 푸르다.
바다는 넓고 푸르다.
가을 하늘이 푸르다.

오늘도 하늘은 더할 나위 없이 푸르다.
'푸르다'는 '푸른 하늘, 푸른 산' 처럼
쓸 수 있습니다.

푸르르다 '푸르다'를 강조하는 말

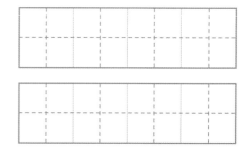

아하~

'푸르른 바다, 푸르른 산' 처럼 쓸 수 있습니다.

푼푼이 푼푼히

'푼푼이'와 '푼푼히'는 사용하는 경우가 다릅니다.

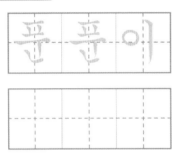 한 푼씩 한 푼씩.

[푼ː푸니]

아하~

푼푼이 치료비를 마련해 전달했다.
돌잔치를 위한 적금을 푼푼이 들어놓자.
용돈을 푼푼이 아껴서 저축하도록 권장하
셨다.
아르바이트 월급을 푼푼이 모아 여행을
다녀왔어.

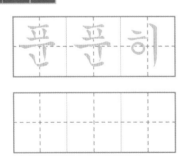 모자람이 없이 넉넉하게.

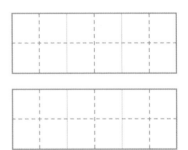

아하~

돈 안 드는 말이야 누군들 푼푼히 못 하겠
는가.
용돈을 푼푼히 주다.
돈이 없어서 막걸리도 푼푼히 못 마셨다.
난 아들에게 용돈을 푼푼히 줘.
돈이 부족해서 술도 푼푼히 못 마셨지 뭐.

하노라고 하느라고

 자기 나름대로 꽤 노력했음을 표현

[하노라고]

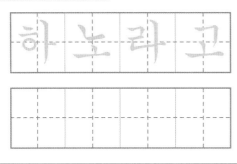

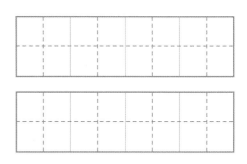

> 아하~

나도 하노라고 한 것인데 도움이 안 됐네.　　정성껏 하노라고 했었다.
하노라고 했는데 마음에 드실지 모르겠습　　막일을 하노라고 했다.
니다.

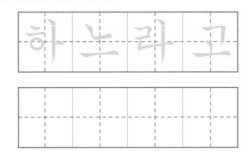 앞말이 뒷말의 목적이나 원인이 됨을 나타냅니다.

[하느라고]

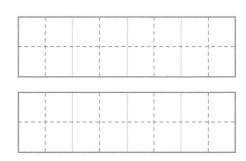

> 아하~

너 뭐 해? 뭐 하느냐고?　　　　　　　　아이들은 물가에서 돌멩이질을 하느라
마른기침을 하느라고 얼굴이 뻘게졌다.　고 신이 나 있다.
전쟁을 하느라고 온 국력이 동원되었다.　후퇴할 준비를 하느라고.

어떻게 다를까요?

할게요(가까운 미래) 할 거예요(먼 미래)

하다 [하다]물체 따위가 행동이나 작용을 이루다. (활용형: 할게요)

 가까운 미래 (할게요)   이따가 전화할게요.

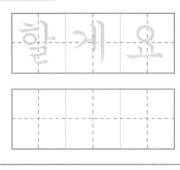 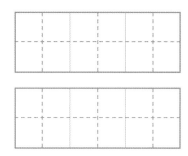

아하~

잠깐만, 나 교통카드 충전 좀 할게.   몹쓸 짓 하지 마라.
오케이, 그렇게 할게.   남 탓을 하지 마라.
네가 하고 싶은 대로 해라.   제발 공부 좀 해라.

먼 미래?(할 거예요)   이따가 전화할 거예요.

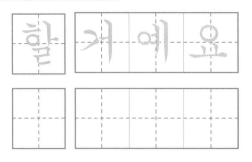 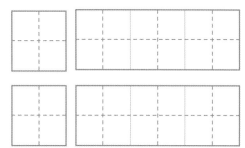

아하~

 그 시간에 뭐 할 거니?
맞아, 나도 그렇게 할 거야.
너와 내가 뭉치면 모든 할 수 있을 거야.

어떻게 다를까요?

흰소리 쉰 소리

'흰소리'와 '쉰소리'는 사용하는 경우가 다릅니다.

 떠벌리거나 거드럭거리며 허풍을 떠는 말.

[힌소리]

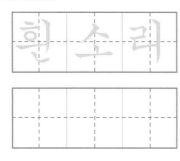 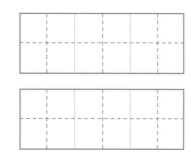

아하~

흰소리를 늘어놓다

흰소리만 펑펑 늘어놓다.

흰소리가 귓전을 성가시게 하였다.

그는 늘 흰소리만 펑펑 쳐 댔다.

그는 술김에 흰소리만 늘어놓았다.

쉰 소리 거칠거나 쉰 상태의 목소리.

[쉰소리]

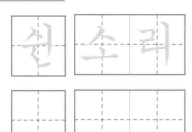 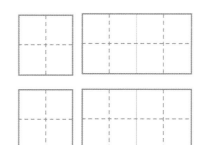

 아하~

감기에 걸려 말할 때마다 쉰 소리가 난다.

목이 심하게 쉬어 소리가 안 나온다.

낮에 그렇게 울던 새는 목이 쉬었는지 자

는지 아무 소리 없다.

목이 쉰 아기 울음소리가 쏟아져 나왔다.

183

호래자식 후레자식

'호래자식' 과 '후레자식'

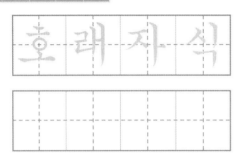 교양이나 버릇이 없는 사람을 낮잡아 이르는 말. 사용에 주의해 주세요.

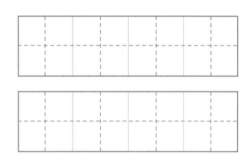

아하~

누가 아비 없는 호래자식 아니랄까 봐 그렇게 버릇없이 구는 것이냐?
자식을 가르치지 못해 호래아들을 만들었다.

* 이런 호래자식/후레자식 같으니라고!

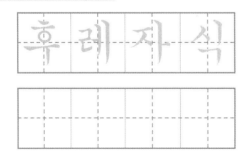 교양이나 버릇이 없는 사람을 낮잡아 이르는 말.

[후레자식]

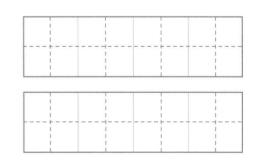

 아하~

건방지게 굴어 후레자식이라는 핀잔을 많이 들었다.
후레자식이라는 소리를 듣지 않도록 늘 언행을 조심하라고 이르셨다.
후레자식이라는 욕을 듣지 않게 처신을 잘해야 한다.

어떻게 다를까요?

한참 한창

'한참' 과 '한창' 은 사용하는 경우가 다릅니다.

 시간이 상당히 지나는 동안.

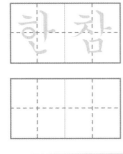 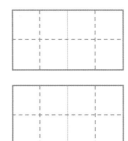 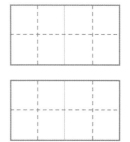

아하~

담장을 따라 한참을 걸어가니 기와집이 나왔다.
한참 뒤에 전화가 왔다.

너를 한참 기다리다 방금 갔는데.
그는 숲속에서 길을 잃고 한참을 헤매었다.
한참 난투극이 벌어졌다.

어떤 일이 가장 활기 있고 왕성하게 일어나는 때.

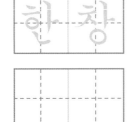 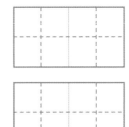 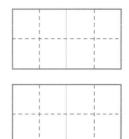

 아하~

요즘 앞산에는 진달래가 한창이다.
벼가 한창 무성하게 자란다.
한창때에는 나도 힘깨나 썼지.

한창나이에 놀기만 해서는 못쓴다.
공사가 한창이다.

어떻게 다를까요?

현재 현대

'현재'와 '현대'는 사용하는 경우가 다릅니다.

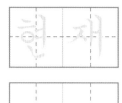 지금의 시간.

[현:재]

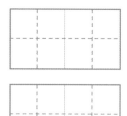

 아하~

이 구간은 현재 터널 굴착 공사가 진행 중이다.
그 일은 현재 진행 중에 있다.

현재에 안주하면 발전이 없다.
과거도 미래도 아닌 지금 현재를 즐겨라.
현재 그녀는 건강이 매우 좋다.

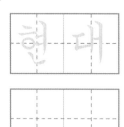 지금의 시대.

[현:대]

 아하~

전통문화는 현대로 오면서 많이 사라졌다.
냉난방이 잘되는 현대식 건물.
그곳은 현대식 시설을 모두 갖추고 있다.

현대 학교 교육의 문제점
현대 문명

186

어떻게 다를까요?

홑몸 홀몸

'홑몸'과 '홀몸'은 사용하는 경우가 다릅니다.

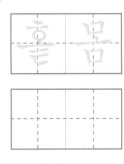

[혼몸]

딸린 사람이 없는 혼자의 몸.

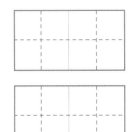

아하~

홑몸도 아닌데 장시간의 여행은 무리다.
아내는 홑몸이 아니어서 장거리 여행은 할
수 없습니다.

홑몸이 아니다.
가족을 잃고 홑몸/홀몸이 되었다.
임신부를 나타낼 때는 '홑몸'

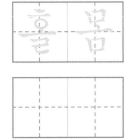

[홀몸]

배우자나 형제가 없는 사람.

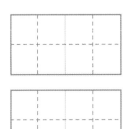

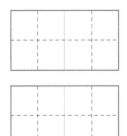

 아하~

사고로 아내를 잃고 홀몸이 되었다.
어머니는 홀몸으로 자식들을 키우며 힘든
세월을 지나오셨다.

적십자에서는 홀몸 노인을 위한 고희 잔
치를 열었다.
홀몸으로 거친 세파를 헤치며 살아왔다.

무엇이 맞을까요?

허섭스레기 허접쓰레기

'허섭스레기'와 '허접쓰레기' 모두 표준어입니다.

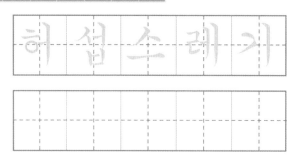

좋은 것이 빠지고 난 뒤에 남은 허름한 물건.

[허섭쓰레기]

> **아하~**
>
> 이삿짐을 싸고 남은 허섭스레기.　　　　진배없다.
> 사방에 허섭스레기가 널려 있다.　　　　허섭스레기는 내다 버려라.
> 풍창파벽에 세간이라고는 허섭스레기나

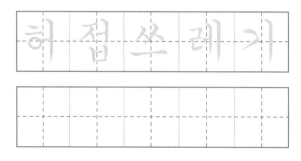

좋은 것이 빠지고 난 뒤에 남은 허름한 물건.

[허접쓰레기]

> **아하~**
>
> 낡은 천막과 허접쓰레기를 모아 실제처럼　사방에 허접쓰레기가 널려 있다.
> 태운 것이다.
> 이삿짐을 싸고 남은 허접쓰레기